思考力培養法

世界で800万人が実践！考える力の育て方

全球800萬人實踐的思考程序，
引導孩子獨立思考，增強學習力！

管理大師高德拉特博士開創「3大思考工具」
透過提問帶領孩子自然而然學會思考、開拓人生！

飛田基——著

譯——林佩瑾

前言

為什麼孩子的「思考力」很重要？

直覺上，大家都知道思考力很重要。但是，讓我們仔細想想，為什麼培養孩子的思考力很重要？這難道不是因為，以前的那一套知識與做法在現代常常行不通嗎？不僅如此，現今的社會價值，也愈來愈重視如何找出更佳解答。

孩子長大出社會後，必須面對學校沒教的各種問題。尤其ＡＩ（人工智慧）跟電腦科技日新月異，社會大幅變遷，許多我們沒經歷過的新問題接踵而生，孩子必須有能力解決這些問題才行。

更重要的是，即使孩子學會英文、程式設計這些迎合時代趨勢的技能，也不代表能開拓人生。**假若無法獨立思考、尋找答案並採取行動，就無法解決眼前的各種障礙，也就無法實現夢想或目標。**

這就是我成為「人生教練」❶的理由。

換句話說，能幫助孩子獨立、堅強地戰勝各種社會環境的技能，正是「思考力」。

增進思考力的「三大思考工具」

基於上述觀點，本書將介紹增進孩子思考力的「三大思考工具」，也將適合闔家運用的輔導、引導技能整理成「六大訣竅」。

三大思考工具分別叫做「疑雲圖」、「分支圖」、「遠大目標圖」（參閱圖表1）。開創這套工具的，是風靡世界千萬讀者的商管書《目標》（The Goal）的作者，以色列物理學家艾利・高德拉特博士（Eliyahu M. Goldratt）❷。

圖表1　增進思考力的「三大思考工具」

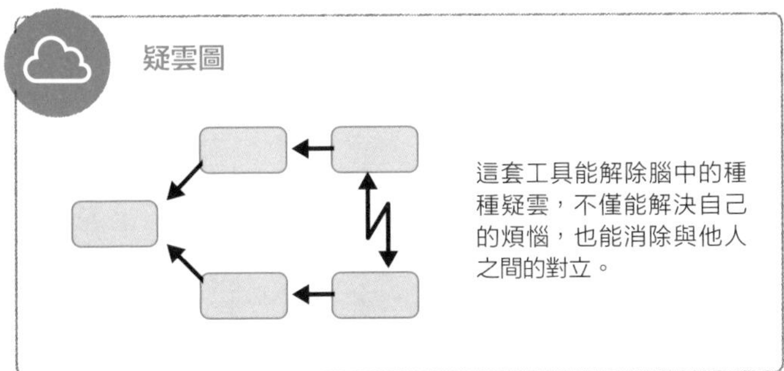

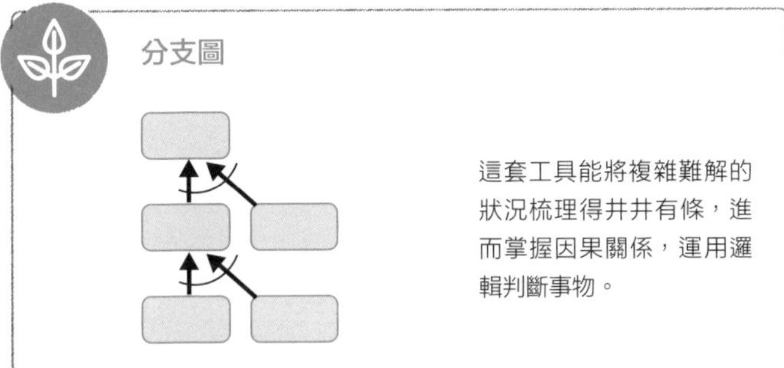

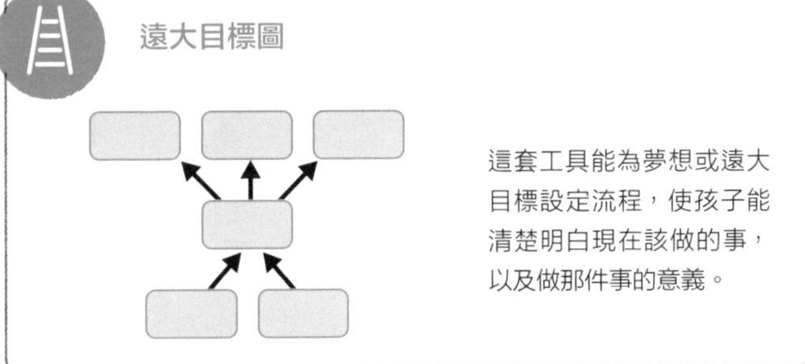

1　Life Coach，就像運動場上的教練一樣，陪伴與支持學習者，提供專業的人生規劃。

2　Eliyahu M. Goldratt，一九四七年三月三十一日～二〇一一年六月十一日，以色列物理學家，限制理論的創始人。

以色列國土狹小，天然資源也不豐富，而且歷史上紛爭不斷。無論累積了多少財富，都有可能一夕之間化為泡影。正因國情如此，人民才深信著：「金錢會流失，但知識絕不會流失。」也因此，教育在以色列非常盛行。

高德拉特博士在《目標》中所提倡的TOC（Theory of Constraints，限制理論），先是在工廠生產管理引發效應，接著又在各領域掀起突破性思考的狂潮。為什麼效應如此巨大？因為藉由這套「思考程序」，對未知感到好奇的科學家能全力研究社會問題、詳加分析，並提出一個個解決方法與實踐計劃。

博士希望能「教導全世界的人思考」，於是將畢生心血投注在教育上。

一九九五年，非營利組織「教育為本的TOC」（TOC for Education, Inc.）創立。本書所介紹的三大思考工具，用意在於教導孩子「思考」，因此簡單易懂，連五歲幼兒都能運用自己的「思考程序」解決問題。**這套工具「簡單到連孩子都能用，卻又深奧到連企業執行長都愛用」，在國際間備受讚賞。**

深受世界八百萬人喜愛的思考工具

三大思考工具在世界上深受歡迎，現今有二十五個國家將其廣泛運用於教育現場，並且持續擴大中；無論是美國、英國、俄羅斯等大國，在國際學力調查中奪得壓倒性高分的新加坡，或是南美、歐洲各國，都引進了這套工具，也有不少國家將其納入學校教育或教師養成課程之中。

例如馬來西亞，就有三萬五千名教師受訓學習這套工具，用來指導孩子；各國也提出許多論文，證實了它的效果。不僅如此，三大思考工具也深受媒體矚目，登上了英國《ＴＩＭＥ》雜誌，以及以色列的教育頻道。

經由以上效應，三大思考工具在世界上受到廣泛運用，使用者多達八百萬至一千萬人。

各項工具的強項及使用方式將在各章節詳加介紹，它們分別有以下效果：

☑能以創新的對策解決對立的困境

☑能運用邏輯思考、說明事物的狀況

☑學會應對擋在夢想跟目標之前的障礙

此外，也能高效率培養問題解決能力、溝通能力、突破瓶頸的能力、創造力，還能使孩子擁有一顆合群、體貼的心。

本書的主要對象是中小學生的家長，但是也適合高中生、大學生及社會人士。只要把書中的「孩子」代換成「下屬」，大部分內容都能助您在職場上突破困境。事實上，很多企業亦將本書的方法運用於教育訓練。

若本書能幫助各位的孩子開拓未來，將是我無上的喜悅。

思考力培養法

目次

CHAPTER 1 引導孩子開口的訣竅
學習獨立思考，面對問題

CHAPTER 2

CHAPTER 3

活用邏輯思考的訣竅

運用分支圖來改善孩子的行為 ……087

CHAPTER 4

提升學習效率的訣竅

運用分支圖使孩子樂在學習，提升成績

CHAPTER 5

達成遠大目標的訣竅

運用遠大目標圖來實現夢想

CHAPTER 6

將「學習法」融會貫通的訣竅
讓孩子學會自動自發，並不斷成長

CHAPTER 7 成長不間斷的訣竅

CHAPTER 0

父母以身作則 增進孩子的思考力

與其「下指導棋、告訴孩子答案」，不如「提出問題」

你是否奪走了孩子的思考力？

各位努力教育子女的爸媽們，你是否有以下的煩惱？

- ☑孩子總是不聽話
- ☑明明不想說教，卻忍不住嘮叨
- ☑孩子怎麼講都講不聽，大人忍不住發飆
- ☑成績老是跟不上別人
- ☑擔心孩子將來沒有競爭力
- ☑覺得孩子做什麼都慢吞吞

教育孩子的過程中難免會遇到這些問題。難道放著不管，問題就會自動解決嗎？當然不會。隨著孩子年齡增長，問題說不定會愈來愈棘手，而且到時家長也

老得無法充當孩子的靠山了。教育，是不能喊「暫停」的。

每個家長都希望孩子擁有美好的人生，因此希望給予孩子最大的幫助，好讓孩子贏在起跑點上。家長的教育理想越高、責任感越強，煩惱也愈多；這些煩惱，全都因為「愛之深，責之切」。

那麼，為什麼許多家長都有這些煩惱呢？

事出必有因，眾多的煩惱必定有一個共通點，只要找出治本的關鍵，就能一舉解決問題。

這是艾利．高德拉特博士提出的思考程序當中的思考法之一。依據這種思考方式，我想出了六項育兒煩惱的個別原因。

☑如果「孩子對大人說的話不服氣」，將導致「孩子總是不聽話」

☑如果「孩子的行為沒有符合大人的期待」，將導致「明明不想說教，卻忍不住嘮叨」

☑如果「說了好幾次，孩子還是犯同樣的錯」，將導致「大人忍不住發飆」

☑如果「孩子無法跟上課業進度」，將導致「成績老是跟不上別人」

☑如果「孩子面對挑戰，連試都沒試就放棄」，將導致「擔心孩子將來沒有競爭力」

☑如果「孩子無法快速準確地找出做事的訣竅」，將導致「覺得孩子做什麼都慢吞吞」

那麼，為什麼會這樣呢？有兩個原因。

第一，**大人總是對孩子下指導棋。**

孩子有孩子的想法，大人說的話，他們不一定能服氣。從大人眼中看來，或許會覺得孩子老是不聽話，怎麼講都講不聽。以上可以歸納成圖表2。

圖表2「育兒的六項煩惱來源」（一）

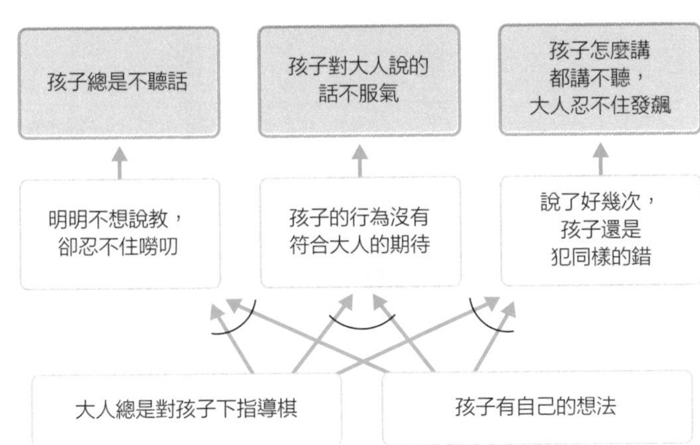

這張圖稱為分支圖（Branch），依圖所示，「如果大人對孩子下指導棋，而孩子又有自己的想法，就會導致孩子對大人說的話不服氣」。箭頭所連接的方塊表示因果關係，其他的連接線也是類似含義（詳閱第3章）。

第二，**大人總是告訴孩子答案。**

大人不能什麼事都幫孩子打理。孩子不久就會遇到必須自行解決的問題；可是從小依賴別人給予答案的孩子，沒有自行解決問題的能力。

因此，就會導致孩子課業跟不上進度、拒絕面對挑戰或是耗費許多時間才找得到答案。以上可歸納成圖表3。

「大人總是對孩子下指導棋」

「大人總是告訴孩子答案」

換句話說，**「你剝奪了孩子獨立思考、尋找答案、採取行動的機會」**。這才是「育兒的六項煩惱」唯一的根本原因。

基於以上原因，只要孩子的「思考力」變好，「育兒的六項煩惱」也會自然消失。因此，本書將聚焦於孩子的思維，以實踐理想的教育方針。

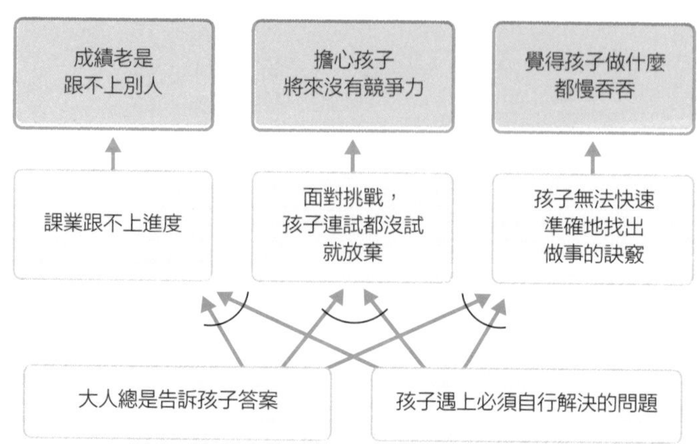

圖表3 「育兒的六項煩惱來源」（二）

有提問，就有思考

各位努力教育子女的爸媽們：

要不要試著放棄「下指導棋」跟「告訴孩子答案」？

然後，跟我們一起學習如何**「讓孩子獨立思考、尋找答案、採取行動，並從中不斷學習」**。

不要下指導棋、不要告訴孩子答案，說歸說，但究竟要怎麼做？有些家長此時不免點滴回憶上心頭，「以前也看了不少育兒書籍、去過不少研討會，那些理論都很中肯，可是說起來簡單，做起來難啊。」

我也曾有過這種疑問，於是尋找解答，並在高德拉特博士的理論中找到了取代「下指導棋、告訴孩子答案」的方法。

那就是**「提出問題」**。人類是一種一旦面對提問，就會思考答案的生物。如果別人命令你「快給我照做」，你並不會思考，但若別人問你「你覺得怎麼做比較好」，你就會思考「該怎麼做比較好」。

高德拉特博士解釋如下：

「阻礙學習的最大障礙，就是直接告知答案。因為這剝奪了自力尋找答案的機會。我相信自行理性思考、尋找答案，是人類學習的唯一途徑。在語尾加上問號，比命令句的驚嘆號更有助於養成思考習慣。」

提問能訓練孩子獨立思考，古希臘哲學家蘇格拉底也是透過問答來尋求真理。在這個沒有標準解答的世界，提問將賦予孩子生存的智慧，孩子也能運用創意處理懸而未決的重大難題。

從谷底站起來的國中生

基於以上原因，本書將出現許多問與答的情境。

對孩子提出問題時，必須運用「三大思考工具」：疑雲圖（Cloud）、分支圖（Branch）、遠大目標圖（Ambitious Target Tree）。如此一來，孩子就能在回答問題的過程中，自然而然學會思考。

就拿我自己來說吧，我與許多不同年齡層的人共同體驗了本書所介紹的思考工具，包括幼兒、小學生、國中生、高中生、大學生、社會人士，並親眼見證了傲人的成果。

在此，我要向各位介紹一個成果最顯著的實際案例。這位小朋友叫做「祐樹」，最初，祐樹是這樣的孩子。

- ☑國小時與老師不合，拒絕上學
- ☑好不容易升上國中，成績卻很差，所有主要科目都必須課後輔導、補考
- ☑不懂為什麼非讀書不可，因此提不起勁
- ☑在學校是出名的搗蛋鬼，常被叫去校長室訓斥
- ☑跟壞朋友去紅燈區玩，被警察帶去輔導❸
- ☑經診斷患有亞斯伯格症候群（一種發展障礙，將導致社交困難）
- ☑出現併發症，必須定期就診，吃很苦的藥
- ☑工作記憶（Working memory，掌管腦部短期記憶的功能）的檢查數值極端低下
- ☑同時承受三種痛苦，「不擅長讀書」、「老是被罵」、「受疾病所苦」
- ☑人生找不到希望，因此割腕

撰寫本書時，祐樹升上了高中。在那段期間，發生了以下的事蹟。

- ☑ 不再惹麻煩，從此跟校長室說拜拜
- ☑ 國三那年不曾課後輔導、補考，成績升為班上中段
- ☑ 不僅如此，社會科的成績名列前茅，在校內接受表揚
- ☑ 自己思考過後，決定升上高中
- ☑ 立志成為身心科醫生，努力讀書中
- ☑ 在男童軍團體中教導國小學弟妹「獨立思考，然後行動」，獲選為優秀男童軍小隊
- ☑ 在京都大學的教育研討會中分享自己的成長故事

這位祐樹告訴我：**「多虧我學會這套方法，才能正向積極地面對人生。」**

3－日本警方若在街頭看見抽菸、喝酒、深夜在外逗留、離家出走、出入聲色場所等行為的青少年，就會帶回警局輔導並通知家長，情節嚴重者將通知學校。

本書的方法並非只針對發展障礙的孩子，也適用於「一般的孩子」與「聰明的孩子」。在我接觸過的人之中，也有不少人考上東京大學之類的名校。

我之所以向各位介紹祐樹的案例，有兩項原因。第一，我想藉此告訴各位：不擅長溝通、社交與讀書的人，也能活用本書的知識；第二，祐樹遇見我之後，變化實在太劇烈了。

培育孩子思考力的「六大訣竅」

前幾頁我建議各位以「提問」取代「下指導棋」、「直接告知答案」，其實「提問」的目的，在於「改變大人的立場」。

下指導棋、告知答案，代表家長私底下認為「我是大人，你是小孩，所以我要好好教你、指導你」。

另一方面，提問所隱藏的含義在於**「孩子也有足夠的思考能力。我只要陪伴、**

支持孩子，他就能獨立思考、尋找答案、採取行動，進而不斷學習。」

我認為家長想「教好孩子」，是一種很棒的想法；同時，那也是很辛苦的一條路。世界日新月異，該教導什麼、該給予什麼，實在令人難以抉擇，但還是得選出自己認為最好的一種方式，這才是現今的教育現狀。

有句話叫做「當上了爸媽之後，才知道怎麼當爸媽」，家長們也是在育兒的過程中逐漸成長，而不是本來就知道怎樣叫做「教好孩子」。

當然，跟孩子相較之下，大人見多識廣，能傳授孩子許多道理，可是一旦教完，就剝奪了孩子思考的機會。教導不一定對孩子的未來有幫助，現在我們的生活環境，很可能與孩子們將來的生活環境大不相同。

因此，大人不應該將自己的知識與經驗傾囊相授，而是徹底當個「從旁支援的教練」，培養孩子獨自開拓未來的能力。這就是本書的宗旨。

如果孩子學會「獨立思考、尋找答案、採取行動，進而不斷學習」，究竟會發生什麼事呢？

請參閱圖表4「育兒的理想狀態」。

如果能養出具備以下六項要素的孩子，家長們覺得如何呢？我也正在學習當爸爸，如果我能養出這樣的孩子，肯定闔家樂陶陶。

本書分為六大章，目的在於一面培養孩子的思考力，一面逐一實現這「六項育兒理想」。

〈第1章〉引導孩子開口的訣竅

～學習獨立思考，面對問題

〈第2章〉解決對立的訣竅

～運用疑雲圖培養孩子的創意

圖表4 何謂理想的育兒狀態？

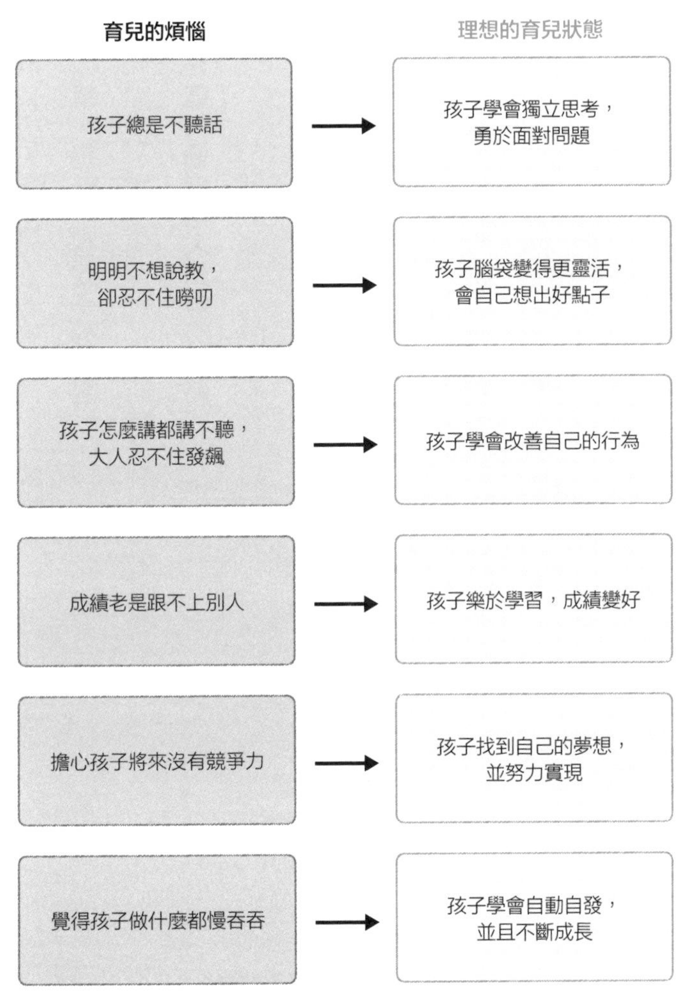

〈第3章〉活用邏輯思考的訣竅

～運用分支圖來改善孩子的行為

〈第4章〉提升學習效率的訣竅

～運用分支圖使孩子樂在學習，提升成績

〈第5章〉達成遠大目標的訣竅

～運用遠大目標圖來實現夢想

〈第6章〉將「學習法」融會貫通的訣竅

～讓孩子學會自動自發，並不斷成長

而最後的第7章，將有效結合第2章到第5章所述的「三大思考工具」，向各位介紹如何消除阻礙成長的心理障礙，做為本書的總結。

CHAPTER 1

引導孩子開口的訣竅

學習獨立思考，面對問題

為什麼孩子不服氣？

家長：「快去寫功課。」
孩子：「你好囉唆喔，我要寫了啦。」
家長：「快去寫功課。」
孩子：「媽才趕快去煮飯啦。」
家長：「快去寫功課。」
孩子：「好——」（嘴上說好，手裡卻在打電玩）

圖表5 與孩子溝通時容易陷入的惡性循環

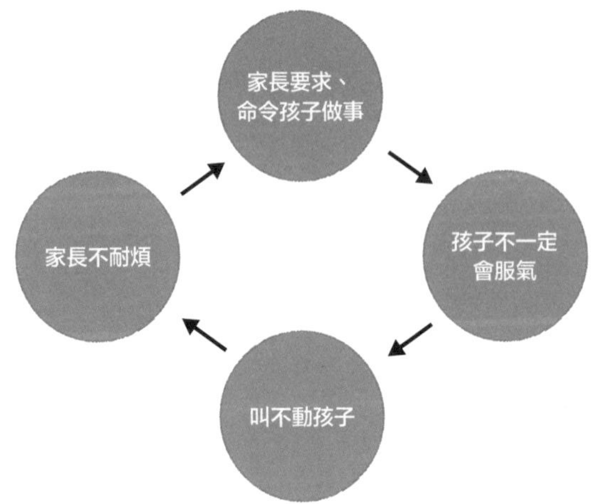

各位有沒有這種經驗？要嘛頂嘴、要嘛扯開話題、要嘛左耳進右耳出……而家長要求孩子做的事，孩子就是不想做。

此時，很容易陷入圖表5的惡性循環。如果放著不管，惡性循環將愈來愈嚴重。其實家長也不想命令孩子，希望孩子自動自發，無奈總是事與願違——這種事，大家都經歷過吧？

如果是孩子主動提起話題，假若家長單方給予建議、告知答案，依然會陷入惡性循環。

孩子：「哎唷，今天功課好多喔。」

家長：「那你就不要拖拖拉拉，趕快把功課寫完呀。」

這句話並不會讓孩子更有動力，所以孩子不會服氣。接下來孩子會有什麼反應，應該不難想像吧？

透過以上的對話，我們可以發現**「如果孩子不服氣，一定叫不動」**。假如家長或週遭的大人要求、命令孩子，或直接告知孩子答案，通常孩子是不會服氣的。換作是大人，如果公司下達不合理的命令或指示，員工也不會心甘情願工作。

因此，本章將告訴各位如何引導孩子開口，使孩子自力思考、面對問題。這種啟發思考的技巧，也能用來解決與孩子之間的溝通問題。

「心事」有助於打開話匣子

無論是什麼人，對於自己感興趣的話題，話總是比較多。因此，只要拋出對方感興趣的話題，溝通就會順利許多。

我是人生教練（Life Coach），藉由聊天來解決客戶的人生困擾。通常來找我的人，最想聊的就是「自己的心事」。家長面對孩子時，不妨與孩子聊聊他的心事，就能成功踏出溝通的第一步。

此時，只要簡單問一句**「你有什麼心事嗎？」**就好。「有什麼夢想？」「有什麼目標？」這種問題，實在很難馬上回答。但是，聊起心事就簡單多了。有什麼不滿、對什麼感到生氣、在煩惱什麼……換作這些問題，保證孩子說個沒完沒了。

研發出這項方法的高德拉特博士說：「人類是擅長抱怨的天才。」

先問孩子**「有什麼心事」，等孩子回答，再複述他的話一次。接著再問：「還有呢？」誘導他繼續說，家長只要負責傾聽就好。**

不要下命令、下指示，也不要告知答案，更不要評論孩子的發言內容，只要讓孩子聊聊自己、說出最煩惱的心事就好。如此一來，就能搭起溝通的橋樑。

隨著孩子長大成人，家長或許會覺得孩子變成一個難以理解的怪物，但事實上並非如此。說穿了，其實只是家長想將自己的想法強加在孩子身上，才會導致溝通困難。

當然，並不是每個孩子都藏著難解的心事，有些孩子看起來無憂無慮，就是俗稱的「好孩子」、「聰明的孩子」。

假如孩子看起來沒有心事，不妨問他：**「如果你有擔心的事，會是什麼呢？」**人際關係也好，課業也好，將來的出路也好，聊什麼都無所謂。

「如果你有擔心的事」這句話，所隱藏的訊息就是「雖然我想應該是沒有」。如果沒有這句話，聽起來就會變成「其實你有心事瞞著我對不對？還不快老實招出來！」將導致溝通的方向走偏。

令人意外的是，看起來無憂無慮的模範生，一旦聽見「如果你有擔心的事」，通常都會暢所欲言。目睹這一幕，家長才知道自己多麼不了解自己的孩子。

有時提問並不會立刻得到答案，而是換來一陣沉默。

此時千萬不要急，**請懷抱著愉悅的心情，慢慢等一分鐘過去。**

這段時間有如鑽石般寶貴，因為孩子正拚命思考該怎麼把心事化為語言，這可是孩子開始學習「獨立思考」的時刻啊。因此，即使孩子一時之間說不出來，也請懷抱著愉快而平靜的心情（就像等待嬰兒誕生一樣）默默等待，在心中為孩子加油打氣。

我有個朋友想出了很好的主意。等待孩子開口的期間，不妨在心中高唱「Happy Birthday to You」，泰然自若地等待（這是日本引導者協會的芳本賢治先生所提出的點子）。

等了老半天，很有可能換來的是「我真想宰了那傢伙」這種令人咋舌的答案。在這時候——不，在這關鍵時刻，我們必須接納孩子的發言。不需要同意他，**只要完全接納孩子的發言就好。**

不需要將大人的意見強加在孩子身上，這樣無法解決問題。只要一字不漏、不加任何解讀地複述孩子的話，孩子就會認為「對方聽進去了」。

親子溝通陷入惡性循環的其中一個原因，就是孩子不信任父母。假如父母常常不將孩子說的話當一回事，或是劈頭就否定孩子，將會使情況愈趨嚴重。

因此，首先必須完全接納孩子所說的話，才能與孩子之間建立小小的信任關係，打開溝通的大門。

國中生祐樹與教練的首度對談

與祐樹第一次見面時，我是四十幾歲的大叔，而他是國中生。我倆才第一次見面，而且又沒有什麼共同興趣；由我單方面講個不停當然簡單，但那就不是對談了。我希望由對方擔任這場對談的主角。

於是，為了引導祐樹開口，我問他「你有什麼心事嗎？」。

我：「你現在有什麼心事嗎？」

祐樹：「提不起幹勁。」

我：「這樣啊，提不起幹勁呀。」

祐樹：「啊，不過不是對每件事都這樣，是對讀書提不起勁。」
我：「意思是只有讀書提不起勁，但其他方面沒問題，對嗎？」
祐樹：「對。還有，我不是每天都提不起勁，只是有時候會這樣。」

只要靜靜傾聽，孩子就會主動修正自己的話。**修正之後，孩子也能檢視對方聽懂了幾分，然後自行思考該如何正確傳達出自己的意思。**

說出一樁「心事」後，再引導孩子繼續往下說。

我：「還有呢？」
祐樹：「還有，我覺得愈來愈沒有幹勁了。」
我：「嗯嗯，還有什麼其他心事嗎？」
祐樹：「每次想要努力，卻總是辦不到。」
祐樹：「還有，我老是拖拖拉拉，不小心跑去玩。」
我：「還有什麼其他心事嗎？」

祐樹：「……」

孩子不說話也沒關係，只要心平氣和地等待即可。

不過，有些孩子不習慣思考，過了幾十秒就會開始分心。**如果孩子看起來分心了，不妨重新複述一遍孩子講過的「心事」。**

我：「你的心事就是：有時候對讀書提不起勁，愈來愈沒有幹勁，還有習慣拖拖拉拉、不小心跑去玩，對吧？還有呢？」

祐樹：「記憶力很差。」

我：「還有其他心事嗎？」

祐樹：「我不會應用。」

我：「這樣啊，你很煩惱不會應用呀。」

此時，我根本不知道「不會應用」是什麼意思。是指懂得解功課的基本題，卻不會解應用題嗎？還是說，老師告訴他「你必須學會將知識應用在其他方面」？

如果研判「聽不懂這句話會導致聊不下去」，就試著問他：「你說的『應用』是什麼意思？」

如果到此都不以為意，那麼只要完整接納孩子的話即可。因為，傾聽「心事」只是溝通的起點，隨著詳細分析內容、解決問題，自然就會明白孩子的話中含意。

「便利貼」的妙用：書寫、張貼、留下

說出來的話不久就會消失，如果人數眾多，大家你一言、我一句，沒有人會記得你說過什麼。結果，到頭來只是浪費時間，沒有達到溝通的目的，問題也沒有解決，這是常有的事。

該怎麼做，才能防止這種事發生呢？

其實，**只要書寫、張貼、留下大家的發言，就能使溝通更具效率。**這種方式同時適用於大人跟小孩，不管對象是一個人或是好幾個人，抑或只有自己，都同樣有效。至於該怎麼做？拿出「便利貼」吧！

如果現場有兩個人以上，建議使用七公分左右的方形便利貼，以便大家觀看。將所有人的發言寫在便利貼上，然後貼在眾人看得見的地方。重點來了，「一張便利貼只能簡單記錄一項內容」，然後「不要怪罪別人，客觀描述問題的狀況」。

舉例來說，先決定將「心事」寫在黃色便利貼上，然後事先告訴大家：「**只能寫在一張便利貼上喔**」。由於有字數限制，問題核心便容易浮上檯面。此外，只要事先訂好規則，一旦有人話太多，就能要求對方「寫重點就好」。

如何尋找「理想的自己」

「理想的自己」或「理想目標」，其實很難具體說出口，但這一點千萬不能打馬虎眼。自己的「理想目標」愈是具體，愈能提起幹勁，將想法化為行動。

藉由「心事」的引導，有助於孩子將「理想目標」說出口。先用「心事」當敲門磚，鼓勵孩子思考何謂「理想目標」。

此時，只要問孩子：**「你很煩惱〇〇對吧？那你的理想是什麼？」**即可。

接著，將孩子的理想目標寫在跟「心事」不同顏色的便利貼（假設是藍色）上，然後張貼、留下。先請孩子再檢查一次「心事」的內容，再問他「理想目標」是什麼，孩子自然就會開始思考。

我在跟祐樹首度對談時，先傾聽他的「心事」、運用便利貼，然後跟他聊起「理想目標」，最後完成了圖表6。

圖表6　祐樹的「心事」與「理想目標」

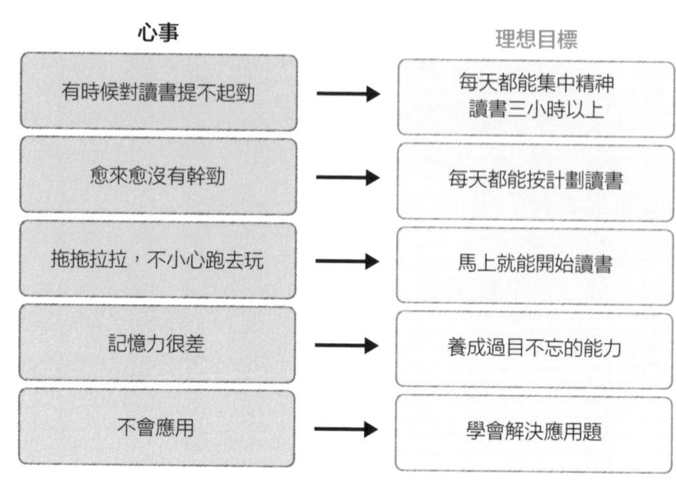

我：「你很煩惱有時候提不起勁讀書，對吧？那你的理想目標是什麼？」

祐樹：「每天都能集中精神讀書三小時以上。」

我：「你很煩惱自己愈來愈沒有幹勁，對吧？那你的理想目標是什麼？」

祐樹：「每天都能按計劃讀書。」

我就只是反覆提問而已。

此時，話題重心圍繞在對方的「心事」與「理想目標」，因此主角還是對方。不需要給建議（「你要不要這樣做？你要不要那樣做？」），也不用分析問題（「為什麼會變成這樣？」），因此不會帶給對方壓力。**順利溝通的訣竅只有一個，就是靜靜傾聽對方的「心事」與「理想目標」，然後寫在便利貼上。**

一旦具體說出「理想目標」，對方就會期待「有沒有什麼實現方式」，進而提高溝通意願。

- ☑每天都能集中精神讀書三小時以上
- ☑每天都能按計劃情讀書
- ☑馬上就能開始讀書
- ☑養成過目不忘的能力
- ☑學會解決應用題

這是我跟祐樹一起完成的「理想目標」清單。

如果這些目標全都能實現，肯定值得一試，因此我們決定之後一同挑戰。

看著這張清單，我想各位應該發現有些目標意思很雷同。

比如「每天都能集中精神讀書三小時以上」跟「每天都能按計劃讀書」，感覺似乎差不多。大人看在眼裡，或許會想統整一下，或是將它們分門別類。但是，孩子是否能服氣，那就是另外一回事了。

說到底，人類本來就沒有辦法完美地將想法化為語言。連大人都有辭不達意的經驗，更何況是孩子們呢？

因此，**如果只仰賴便利貼上的文字，很有可能會造成誤判。**奉勸各位只要完整接納孩子們的話，然後寫下來即可。

反正，只要最後孩子們發現「其實這個跟這個一樣」就好。

如果孩子「想達成『理想目標』」，就會開始自行思考「如何達成」。即使在思考的過程中碰壁也沒關係，因為下一章起，我將向各位介紹三大思考工具。

少年棒球隊的「具體理想目標」

我再介紹一個真實案例，這次的主題是運動。無論是家庭或隊伍，都適用於這種方法。

幾乎所有將心力投注在運動上的孩子，都希望「變得更好」「變得更強」「贏得比賽」。

然而，針對這些目標，應該只有少數孩子能獨立思考、面對問題、進而改善練習模式，對吧？

前面所介紹過的提問，也適用於這類案例。

有一次，我問某個少年棒球隊的孩子們「有什麼心事」，他們的答案如下。

- ☑ 沒辦法把球丟到正確的地方
- ☑ 打不到球
- ☑ 隊友說：「我不想跟你一起打。」
- ☑ 擔心會再度失敗
- ☑ 想到下一場比賽就覺得煩

用「心事」當敲門磚，就能順利引導孩子說出「理想目標」。

如果略過這個步驟，直接問他們：「你們覺得打棒球的理想狀態是什麼？」很可能只會換來一些抽象的答案，例如：「希望打得到球」、「希望不要失誤」、「希望變好」。

當然，他們只是坦白表達自己的心情，但是不夠具體。**如果沒有具體到能勾勒出一幅想像圖，孩子就沒有動力面對問題。**

用「心事」當敲門磚後，接著要提出以下問題。

比如說，假設黃色便利貼上寫的是「沒辦法把球丟到正確的地方」，接下來這句話將能引導孩子說得更具體。

「你很煩惱沒辦法把球丟到正確的地方，對吧？那你的理想目標是什麼？」

經此一問，或許孩子會分享自己的經驗，告訴你：「我接起內野滾地球想傳到一壘，結果傳偏，讓對手跑到二壘。」如此一來，就能看出他的具體「理想目標」是「學會處理內野滾地球，抓到出局數」。

光是看「沒辦法把球丟到正確的地方」這句話，很可能誤以為是不擅長傳接球，但事實證明並非如此。

這類問答方式，也能運用在一群孩子或隊伍身上。

我集合棒球隊的孩子們，問他們：「你們很煩惱打不到球，對吧？那你們的理想目標是什麼？」

有個孩子回答：「打到球。」另一個孩子聽了，不禁吐槽：「欸，你打出去也全都是界外啊。」惹得大家哄堂大笑。有個孩子補充說明：「打成內野滾地球也會出局，根本沒用啊。」其他人紛紛附和：「對啊對啊！」

因此，我又問了一次：「你們很煩惱打不到球，對吧？那你們的理想目標是什麼？」此時帶頭的孩子說出了歸納後的重點：「打出安打。」

但是話題還沒有結束。孩子們又想起前幾天的練習賽，表示：「可是，S國中的投手的曲球很刁鑽，根本不可能打中啊。」如此這般，最後的結論就是「希望將S國中的投手投出的曲球打成安打」。

透過詢問「心事」、設定「理想目標」，孩子們學會獨立思考，說出心裡想講的話。接著，又藉由具體地想像問題結構，學會面對問題。

總結

如何在溝通中使孩子服氣，提高幹勁

在此，我統整幾個能使溝通更有效率，引導孩子獨立思考、面對問題的具體方法。

(一)聊聊孩子的「心事」

「你有什麼心事嗎？」

「還有嗎？」

「如果你有擔心的事，會是什麼呢？」

(二)完整接納孩子說的話

就算只是一字不漏地複述孩子說的話，他也會覺得你聽進去了，對你產生信任。此外，藉由一字不漏地複述，也能使孩子察覺話中模糊不清的部分，因而自己思考、修正。

(三)運用便利貼書寫、張貼、留下孩子的話

將孩子的話寫在便利貼並貼起來，孩子就會認為你重視他的發言。此外，將便利貼留在孩子看得見的地方，能幫助孩子反覆回想、複習。

㈣心平氣和地等待孩子開口

如果孩子無法立刻回答，就等他一分鐘吧。畢竟在這段時間內，孩子可是絞盡腦汁拚命思考呢。假如等了半晌還是沒有答案，不妨重新看一次剛才所寫的便利貼，重新問一次「心事」。

㈤運用「心事」，引導孩子說出「理想的目標」

「你很煩惱○○吧？那你的理想目標是什麼？」

將「心事」跟「理想目標」用不同顏色的便利貼區分，就能一眼看出差異，便於整理歸納。

下一章起將介紹三大思考工具，以上的溝通訣竅，有利於家長與孩子們一同練習。

奧運選手也愛用的思考工具

里約奧運的划船競賽選手——中野紘志先生，也是本書所介紹的思考工具愛用者之一。

請看下一頁的照片。他專用的單人艇上，貼著TOC的貼紙。右下角的「Breakthrough thinking」，就是「突破性思考」的意思。

他首度在奧運出賽，首次來到巴西；就算有實力，如果無法在奧運舞臺上發揮，那就沒有意義。究竟該如何準備才能萬無一失，以平常心面對呢？在思考過程中，他借助了第5章所介紹的遠大目標圖。

此外，划船是「小眾運動」，對划船選手而言，奧運可是將划船運動透過媒體介紹給全世界的好機會。接受媒體訪問時該說些什麼，才能讓記者認為「這是個值得報導（吸引人）的好題材」？此時，他活用了第3章將介紹的分支圖。

再來，選手其實也是人，難免有各種煩惱。應該將所有時間投注在運動上嗎？還是應該多花時間陪陪家人？應該繼續採用現在的練習方式嗎？還是該換個方法？正視自己的煩惱，選出當下的最佳解答，消除迷惘，就能對自己產生信心。為此，他使用了第2章所介紹的疑雲圖。

如此這般，「教育為本的TOC」三大思考工具，將能在職業運動選手的各方面提供協助。

CHAPTER 2

解決對立狀況的訣竅

運用疑雲圖培養孩子的創意

你真的了解「對方的心情」嗎？

某一天，全家人和樂融融地聚在一起。

讀小學的孩子提到：「前陣子，我朋友T君請我吃東西耶。」

母親一聽，忍不住啟動了訓話模式。

「他請了你什麼？」

「什麼時候的事？」

「還有誰在？」

「他老是請你吃東西嗎？」

母親連珠炮似地問個不停，原本快樂的家庭聚會變成訓話大會。

「人家都請你了，你怎麼能不請回去呢！」

「只有我們家狀況外，這很丟臉耶！」

「你也不替媽媽想想！」

孩子只是想開心地聊聊近況，看在家長眼裡，心情卻變成「前陣子才為了一樣的事情念過他，怎麼都講不聽」。站在家長的立場，其實只是想教導孩子為人處世的道理而已……。

社會是由人際關係所組成的，當中有著各式各樣的立場，也有各種對立。

就拿親子間的對立來說吧，「希望孩子馬上報告的家長 VS 想到才說的孩子」「希望孩子把功課寫完的家長 VS 想打電玩的孩子」，其他還有各種例子。

老實說，連自己都能跟自己對立。「說出今天發生的事情 VS 不說」「去上學 VS 不去」，這是自己心中各種選擇之間的對立，但背後常常與其他人有所關連。

考慮對方的立場非常重要，若能做到這一點，就能使人際關係順利許多。因此，家長才會成天要求孩子「替我想想」。

話雖如此，如果這樣就能明白對方的心情，大家就不用這麼辛苦了。或許你會覺得「要我替他想，可是我就是搞不懂啊」，或是「光是替他想，誰來替我想」。

如果有一套創新的方法能「**幫助自己充分了解對方的立場，卻又不需要委屈自己**」，那豈不是很棒？

這就是本章將講述的「解決對立狀況的訣竅」。

消除對立困境的「疑雲圖」

當你心中有兩項對立的選項，或是自己跟對方意見相反時，將陷入「無法兩全其美」的困境，導致左右為難。

思考工具「疑雲圖」，能消除這種左右為難的困境。

疑雲圖的原文是 cloud，這種工具專門解決兩難困境的種種疑雲，故命名為疑雲圖。

疑雲圖由五種方塊所組成，請參閱圖表7。

圖表7 組成疑雲圖的「五個方塊」

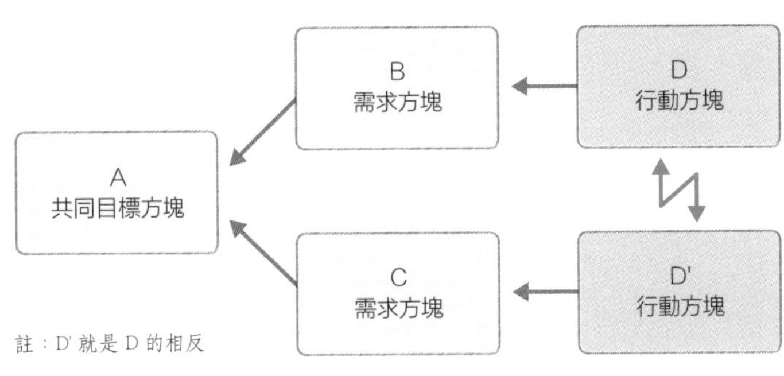

註：D' 就是 D 的相反

從左側開始，依序為「共同目標方塊」、兩個「需求方塊」、兩個「行動方塊」，為了便於區別，每個方塊都標上了A、B、C、D、D'等標籤。

我們將使用這五個方塊揭露對立結構，思考解決方法。

右側的兩個「行動方塊」是對立的，因此中間畫上了藍色閃電箭頭。此外，心中有兩難，心情肯定悶悶不樂，因此我將「行動方塊」用灰色填滿。「共同目標方塊」與「需求方塊」都是非達成不可的目標，因此填上較為活潑的顏色。

疑雲圖將提供各種觀點。遵循各種觀點出聲唸看看，如果你覺得「嗯，有道理」，表示疑雲圖製作得相當成功。

請看圖表8。兩個方塊跟一個箭頭為一組，以下，它們將為各位展示各式各樣的觀點。

①為了實現A，必須有B
「為了使孩子在社會上出人頭地，必須擴大就業機會」

②為了實現B，應該選擇D
「為了擴大就業機會，應該接受高等教育」

③為了實現A，必須有C
「為了使孩子在社會上出人頭地，必須多多累積社會經驗」

圖表8 應該讓孩子接受高等教育嗎？

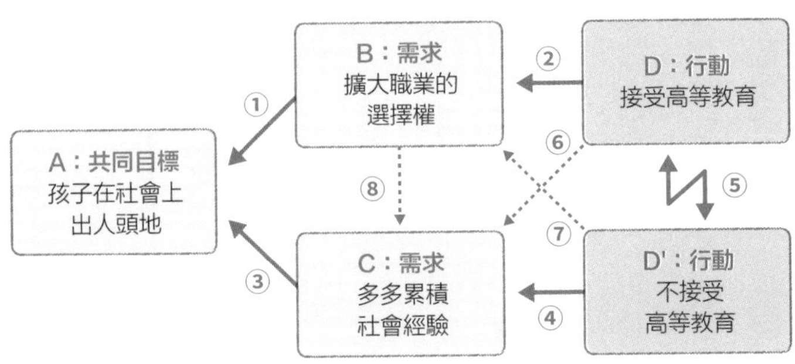

④為了實現C，應該選擇D'
「為了多多累積社會經驗，應該接受高等教育」

⑤D與D'無法同時存在
「接受高等教育與不接受高等教育無法並存」

⑥選擇D，就很難實現C
「接受高等教育後，就很難多多累積社會經驗」

⑦選擇D'，就很難實現B
「不接受高等教育，就很難擴大就業機會」

⑧若能同時實現B與C最好，什麼煩惱都沒了

「若能同時擴大就業機會並多多累積社會經驗最好，什麼煩惱都沒了」

用這兩種方法，找出解決問題的方案

如果疑雲圖的各種觀點都令你信服，那問題就解決一半了。

接下來將使用兩種方法，來找出解決問題的方案。第一，探討兩個「需求方塊」的縱向關係，第二，探討「行動方塊」與「需求方塊」的斜向關係。

探討「需求方塊」的縱向關係

讓孩子仔細看看兩個「需求方塊」的內容（B與C），然後試探性地問孩子：

「**有沒有辦法讓B與C並存？**」依照前兩頁的例子，將得到以下的問句。

「有沒有辦法擴大就業機會，同時又能多多累積社會經驗？」

如果提問的對象是低年齡的孩子，很有可能得出超乎大人想像的超棒答案。因為他們的腦袋較為靈活，沒有被限制在框架裡。

問題無法得到解決，是因為問題沒有整理好。換句話說，你被其中一邊的「需求」與「行動」困住，而看不見另一邊的「需求」，所以才想不到解決方法。**畫出疑雲圖、揭露對立結構，就能拓展孩子的視野。**

當然，光是看著兩項需求，是找不到解決方法的。此時，我建議各位試試第二種方法。

探討「行動方塊」與「需求方塊」的斜向關係

第二種方法，我們將探討圖表9的「行動方塊」與「需求方塊」之間的斜向關係。具體說來，就是D與C、D'與B之間的關係。

圖表9 探討疑雲圖的斜向關係以找出對策

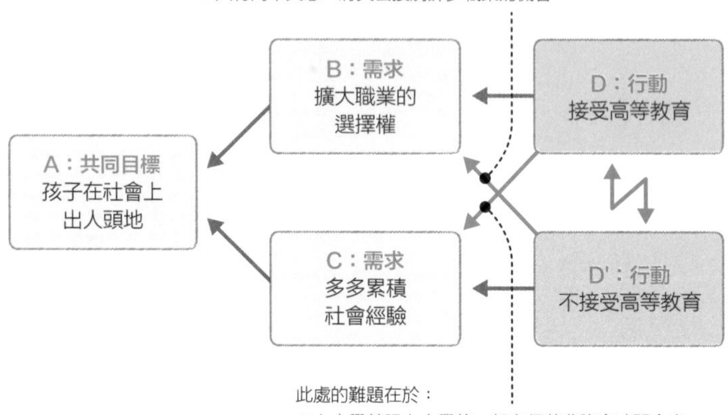

在此，請提出以下問題。

「為什麼選擇了D，就很難實現C？」

「為什麼接受高等教育後，就很難多多累積社會經驗？」

我們可以想到兩個可能的答案：「上大學前跟上大學後，都必須花費許多時間念書」「學歷愈高，出社會的時間就愈晚」。

接下來，再針對另一種斜向關係提出問題。

「為什麼選擇了D，就很難實現B？」

「為什麼不接受高等教育，就很難擴大就業機會？」

我們可以想到兩個可能的答案：「如果沒有大學文憑，將失去很多工作的應徵機會」「只有高中文憑，將失去接觸許多職業的機會」。

像這樣一問一答，就能發覺「其實還有其他可能性」。緊接著，我們應該「逆向思考看看，或許有其他選擇？」

以下舉出兩個例子：

例一：「只有高中文憑，將失去接觸許多職業的機會？其實不一定吧？如果在高中畢業前廣泛接觸各種職業，不就能擴大就業機會，也能多多累積社會經驗嗎？」

例二：「學歷愈高，出社會的時間就愈晚？其實不一定吧？如果在學生時期累積社會經驗，不就能擴大就業機會，也能多多累積社會經驗嗎？」

透過「逆向思考」，就能找出兩全其美的對策。

這兩種方法的步驟如下，第一：先問：「為什麼？」再請對方想出答案。第二：針對對方的答案，反問：「其實不一定吧？」「其實還有其他觀點吧？」這種問法，用意在於強迫對方逆向思考。

這就是培養創意的訓練方式。大人可以透過這遊戲與孩子一同練習解決問題，也能運用在自己身上，大人小孩都適用。

有錢的朋友想請客，我們該接受嗎？

祐樹也有一個小故事，非常適合套用於疑雲圖。

祐樹的國中有很多有錢人家的孩子，有時那些有錢的朋友會邀他：「我請客，跟我一起出去玩吧。」

對祐樹而言，受到邀約固然高興，但也很煩惱。他一方面想被請客，另一方面也不想被請客；換句話說，此時的祐樹陷入了「讓朋友請客VS不讓朋友請客」的兩難困境。

祐樹找我談這件事時，首先將兩句話寫在便利貼並貼起來，如圖表10所示。

「讓朋友請客」「不讓朋友請客」

圖表10 用閃電箭頭連結兩種對立行動

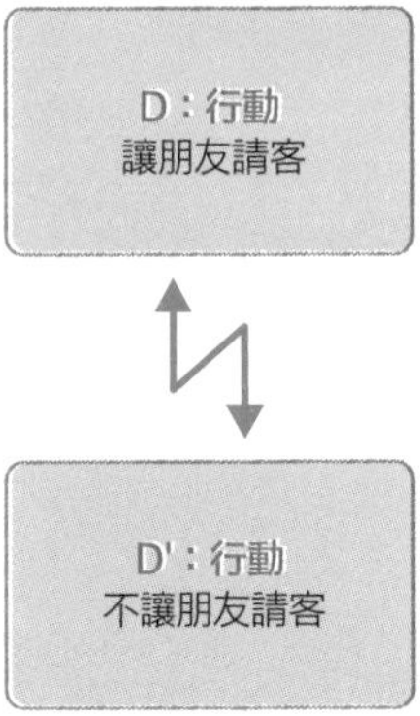

D：行動
讓朋友請客

D'：行動
不讓朋友請客

這兩種行動是「對立」的，為了便於辨識，在此加上藍色的閃電箭頭。**重點不在於對立的行動本身。隱藏在行動背後的是「需求」，也就是「真正想達成的目的」。**

因此，我向祐樹提出問題。

我：「你覺得讓朋友請客的好處是什麼？」

祐樹：「很輕鬆，可以玩得很盡興。」

我：「你覺得不讓朋友請客的好處是什麼？」

祐樹：「不必擔心惹麻煩。」

在此，有件事情必須先說清楚。

「讓朋友請客」「不讓朋友請客」這兩種「行動」，兩者只能擇其一；**但是「輕鬆而玩得盡興」「不惹麻煩」這兩種「需求」，則是必須同時達成，也有機會同時達成的。**

我繼續跟祐樹聊下去。

我：「如果能輕鬆而玩得盡興，又能不惹麻煩，你覺得有什麼好處？」

這個問題的答案，常常很不具體又模稜兩可。

我跟祐樹一起想了一會兒，最後他回答：「度過充實的校園生活。」於是，我藉此製作了圖表11。

圖表11 應該讓朋友請客嗎？用圖表揭露問題核心

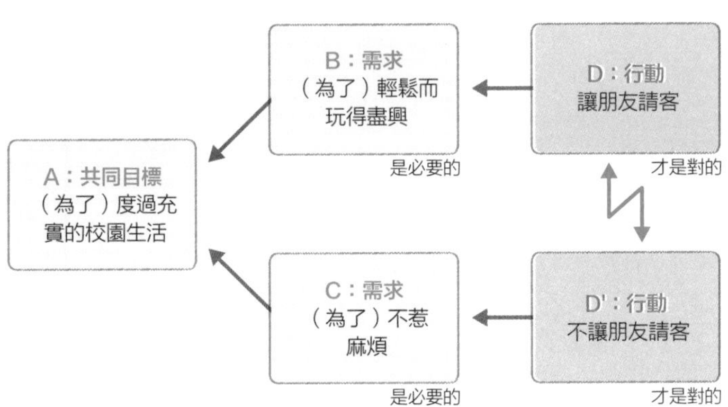

一起來複習疑雲圖方塊的使用方式吧

我們來複習各式方塊的使用方式吧。右邊的兩個方塊（D與D'），必須填入無法同時選擇的「選項」，或是無法同時接受的「主張」。這叫做「行動方塊」。

以祐樹的例子而言，我們應該在右邊的兩個方塊填入「讓朋友請客」與「不讓朋友請客」。

中間的兩個方塊（B與C），則必須對應各自的「行動方塊」，填入「想透過行動所達成的真正目的」「這項行動將帶來的好處」。這叫做「需求方塊」。

以祐樹的例子而言，中間的需求方塊必須填入「輕鬆而玩得盡興」與「不惹麻煩」。

左邊那唯一的方塊（A），必須填入「同時達成兩項需求所能實現的目標」「兩種行動的支持者（立場）都能滿意的共同目標」。這叫做「共同目標方塊」。

以祐樹的例子而言，就是「度過充實的校園生活」。無論是想讓朋友請客的祐樹，或是不想讓朋友請客的祐樹，都想要「度過充實的校園生活」。

將這張疑雲圖大聲念出來，結果如下：

為了「度過充實的校園生活」，必須「輕鬆而玩得盡興」。

為了「輕鬆而玩得盡興」，應該「讓朋友請客」。

為了「度過充實的校園生活」，必須「不惹麻煩」。

為了「不惹麻煩」，必須「不讓朋友請客」。

「讓朋友請客」與「不讓朋友請客」，無法同時並存。

祐樹找出解決問題的方法

疑雲圖做好了，因此我繼續向祐樹提問。

我：「有沒有辦法既能『輕鬆而玩得盡興』，又『不惹麻煩』？」

祐樹：「……」

等了一分鐘，還是沒有什麼好對策。於是，我試用了第二個方法（圖表12）。

我：「為什麼『讓朋友請客』，就很難『不惹麻煩』？」

祐樹：「因為金錢很容易惹來麻煩。如果讓朋友請客，我就欠他一筆人情，沒辦法拒絕他的任何請求。」

另一種斜向關係，我也依照相同模式詢問祐樹。

我：「為什麼『不讓朋友請客』，就很難『輕鬆而玩得盡興』？」

圖表12 探討斜向關係

此處的難題在於：
- 不讓朋友請客，就必須花我自己的錢
- 這樣就沒辦法買自己想要的東西

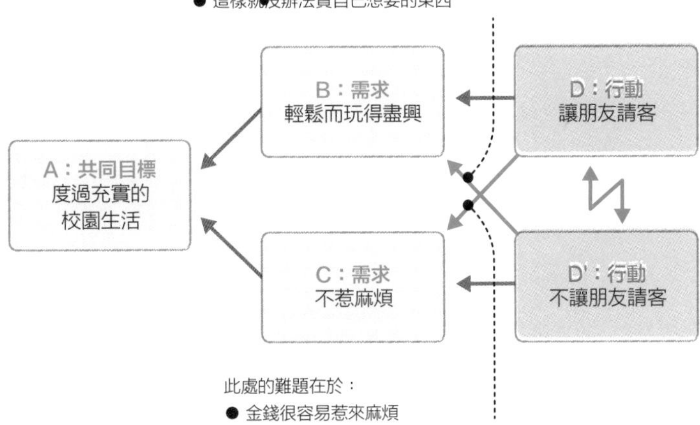

此處的難題在於：
- 金錢很容易惹來麻煩
- 如果讓朋友請客，我就欠他一筆人情，沒辦法拒絕他的任何請求

祐樹：「因為不讓朋友請客，就必須花我自己的錢。這樣就沒辦法買自己想要的東西。」

像這樣寫出來，就能看出祐樹受以下兩種想法所苦。

☑讓朋友請客，事後會被拗

☑不讓朋友請客，就不能買其他想要的東西

我：「你覺得讓朋友請客，事後就會被拗，但是他隨時都會拗你嗎？有沒有辦法既讓朋友請客，又能不被拗？」

我：「還有一點。你覺得不讓朋友請客，就不能買其他想要的東西，但這是真的嗎？有沒有辦法不讓朋友請客，又能買想要的東西？」

祐樹：「……」

我：「有沒有什麼好方法？」

他沒有馬上想出答案。我把這問題當作祐樹的回家作業，請他下次見面時告訴我答案。

之前我們練習過逆向思考，但正常而言，答案沒有那麼容易想出來。此時最有效的方法，就是請對方思考一個晚上。**切記，必須將整理好的疑雲圖交給對方。**邊看圖邊想，才能集中精神好好思考。

祐樹再度來找我時，得出了以下的答案。

圖表13 消除對立之後的疑雲圖

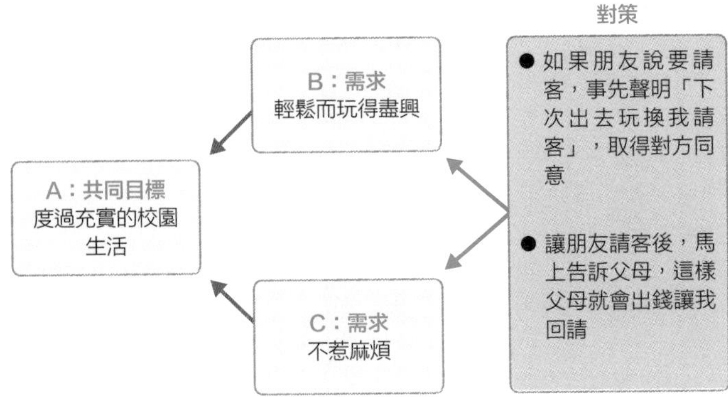

祐樹：「錢只有兩種處理方式，要嘛用，要嘛不用。所以，如果朋友說要請客，我會先聲明『下次出去玩換我請客』，如果他同意，就能避免事後被他拗了。還有一點，讓朋友請客後，我會馬上告訴父母，這樣父母就會出錢讓我回請。」

圖表13是消除對立之後的疑雲圖。在這張圖表中，兩個對立的「行動方塊」不見了，換成對策方塊，上頭寫著同時滿足兩種「需求方塊」的對策。這項對策，是祐樹自己想出來的。

或許有些讀者不喜歡這項對策，畢竟到頭來出錢的還是父母。

或許各位想看的是「運用巧思，讓零用錢的價值最大化，度過愉快生活」。你們的心情，我非常了解。

但是，請各位別擔心。隨著疑雲圖的練習次數愈來愈多，對策的品質也會逐漸上升。就跟求學、運動、音樂一樣，只要努力不懈，就會愈來愈好。

只要有疑雲圖，各位家長就不需要訓誡、教誨孩子，反倒是**孩子會自動自發地思考人際關係、親子關係與自己對幸福的定義，並想出最好的方法。**

疑雲圖能教導孩子考慮對方的立場，也能使孩子看清自己的需求。最後，就能激發出孩子的創意。

透過疑雲圖看穿孩子的需求

這是一對母女之間的對話。

圖表14 搞錯女兒需求的疑雲圖

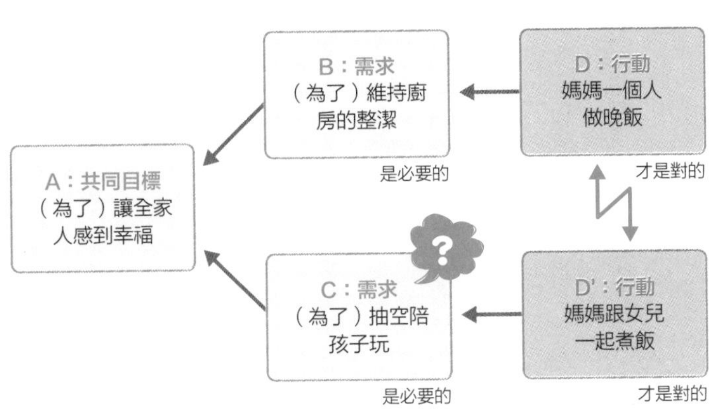

今天媽媽比平常晚下班，而爸爸還在加班，家裡只有六歲的女兒獨自看家。

媽媽回家後，女兒說：

「媽媽，今天我要幫妳煮飯！」

媽媽猜測了一下女兒的企圖，答道：

「已經很晚了，晚餐媽媽煮就好，吃完再跟妳玩喔。」

媽媽認為女兒看家了一整天，一定是想跟自己玩，因此如此回答。

然而，女兒毫不讓步，堅持：「人家想跟妳一起煮嘛！」

我將這個案例做成了疑雲圖（本頁的圖表14），但這張疑雲圖並不正確。因為，女兒對媽媽的提議一點都不滿意。

疑雲圖其中一個功效，就是訓練自己看出對方的需求與行動意圖。

如果女兒說「想幫忙煮飯」是因為想跟媽媽玩，那麼她應該會接受媽媽的提議。可是，如果女兒其實是想學煮飯，晚餐後跟她玩根本無法解決問題。

說穿了，其實女兒另有需求。這位媽媽懂得運用疑雲圖，所以她向不服氣的女兒提問。

媽媽：「妳想幫媽媽煮飯呀。幫媽媽煮飯會開心嗎？」

女兒是這樣回答的：

女兒：「爸爸回來以後看到我幫忙煮飯，就會說我很棒！」

「今天我要幫妳煮飯！」這句話，隱藏著發言者的「需求」與「意圖」。養成這樣的思考習慣後，就能圓滿解決問題、培養創意、使對話更為愉快。

當然，有時候對方的需求不大好推測（就像這位女兒一樣），屆時就直接問對方吧。

總結

使用疑雲圖的注意事項

「疑雲圖」能同時顧慮自己與對方的心情，解除行動或抉擇的對立，找出創新的解決方案。為了使這項工具有效幫助各位解決家庭糾紛，我將提問的步驟整理成圖表15，各位家長不妨與孩子一同練習。

3. 思考解決方案

【想出好點子】

●有沒有辦法既能得到（冰淇淋），又能得到（草莓）？

【遵循規則思考】

●為什麼無法同時選擇（狗）與（猴子）？

●為什麼選擇（狗），就很難得到（草莓）？

●為什麼選擇（猴子），就很難得到（冰淇淋）？

●有沒有什麼好方法？

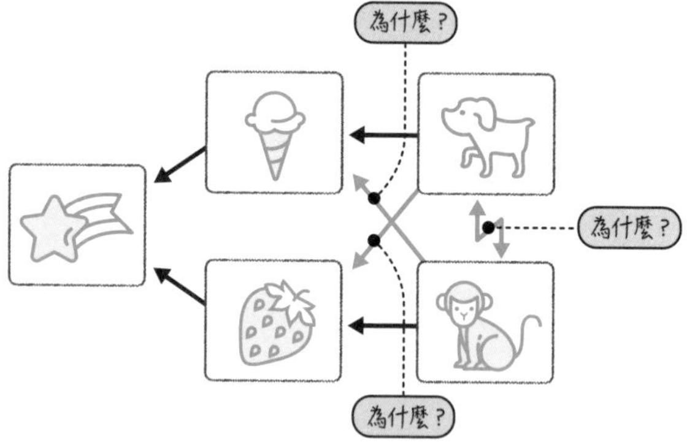

4. 檢查解決方案是否適用

●做了（好點子），就能同時得到（冰淇淋）與（草莓）？

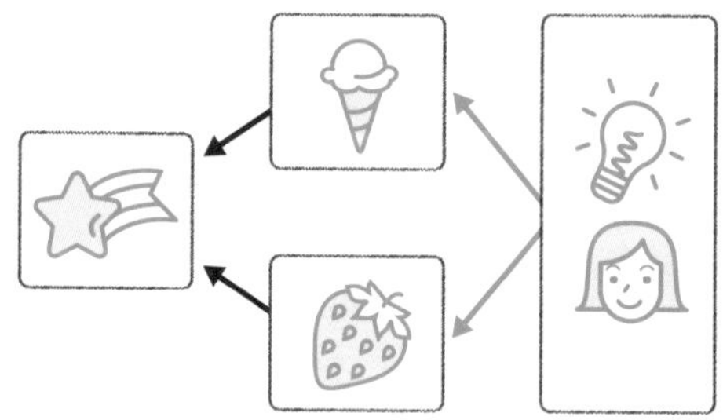

圖表15 疑雲圖的提問步驟

1. 製作疑雲圖

填入對應（狗）跟（猴子）的「對立行動」

- 如果採取（狗）的行動，有什麼好處？
  →填入（冰淇淋）方塊
- 如果採取（猴子）的行動，有什麼好處？
  →填入（草莓）方塊
- 如果同時實現（冰淇淋）需求跟（草莓）需求，有什麼好處？
  →填入（流星）方塊

2. 檢查疑雲圖

【4個黑色箭頭】

- 為了得到（流星），需要（冰淇淋）
- 為了得到（冰淇淋），應該選擇（狗）
- 為了得到（流星），需要（草莓）
- 為了得到（草莓），應該選擇（猴子）

【3個藍色箭頭】

- 無法同時選擇（狗）跟（猴子）
- 如果選擇（狗），就很難得到（草莓）
- 如果選擇（猴子），就很難得到（冰淇淋）

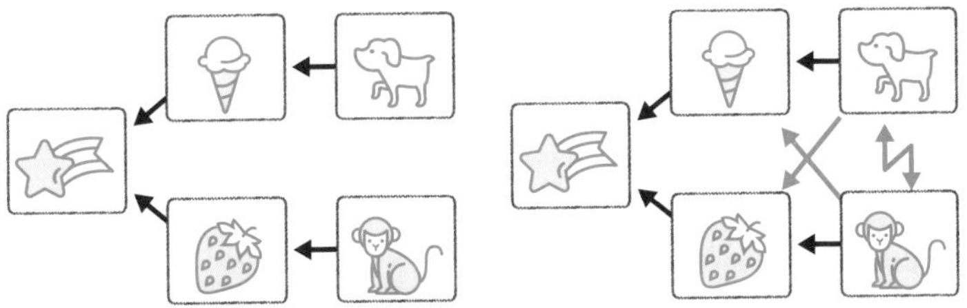

實際運用疑雲圖時，你可能發現「咦？好像不太順利耶？」屆時，請檢查以下四個注意事項。

(一) 對立關係明確嗎？

填入右邊兩個「行動方塊」中的行動，其對立關係是否明確？如果對立關係並不明確，不妨選用以下四種模式的其中一種。

① 「〇〇 VS 不〇〇」（搬家 VS 不搬家），肯定與否定的差別

② 「A VS A的相反」（放牛吃草 VS 管東管西），兩種相反的行動

③ 「選擇A VS 選擇B」（上公立學校 VS 上私立學校），依照某種規則，只能選擇其中一項

④ 「以A為優先 VS 以B為優先」（以讀書為優先 VS 以玩樂為優先），因為金錢或時間有限，所以只能選擇其中一項

㈡「需求」等於利益嗎？

疑雲圖的「行動方塊」與「需求方塊」當中的內容必須壁壘分明，但除非練習次數夠多，否則兩者很容易混淆。

所謂「行動」，就是有心就能執行的動作。而「需求」，則是某種利益，但不是動作。

例如，「按部就班完成工作」是有心就能執行的動作；另一方面，「提高工作效率」，若能實現當然很好，但可惜無法馬上實現（如果那麼簡單，早就實現了）。換句話說，這不是行動，而是需求。

㈢共同目標是否能滿足雙方？

左邊的共同目標方塊，必須使兩種行動、立場的人看了都心滿意足。

說到底，兩種行動本來就是對立的，因此乍看之下不可能有共同目標，導致常有人將共同目標設得模稜兩可，搔不到癢處。

(四)是否已找出需求跟行動之間的所有關聯？

如果疑雲圖做好了，卻遲遲找不到解決方案，請多多想想「為什麼選了這項行動，很難滿足需求？」當中所有的原因，全都找出來了嗎？

假若只找到一項原因就進行下一步驟，便無法以各種觀點檢視問題。列舉越多原因，就能以各種角度質疑、檢討目前的想法。

運用疑雲圖組一支厲害的足球隊

這是某支國小足球隊的案例。

跟其他學校比賽時，隊友漂亮地將球傳給前鋒，但他射門失敗，錯失了大好良機。隊友紛紛責怪他「爛死了」「再也不想跟你踢球了」，導致團隊士氣瞬間惡化、不斷失分，最後輸球。

我深究這個問題，發現一件有意思的事情。這支球隊的球員，每個人都曾在失誤時受到他人的言語奚落，導致心情變差、溝通不良，影響團隊表現。

既然罵選手會產生不良影響，那就不要責怪對方就好啦。可是說起來簡單做起來難，為什麼？一定有原因。換句話說，他們想藉由責怪來達成某種「需求」。

我集合所有隊員，運用疑雲圖思考對策。

隊員們想打贏縣市級的強隊，因此求好心切，希望隊友能在比賽中立刻修正失誤，而他們認為「嚴厲的訓誡」比較有效。另一方面，為了打贏強隊，團隊士氣也很重要，所以他們也認為隊友失誤時必須柔聲鼓勵。

然而，柔聲鼓勵無法修正失誤，而嚴厲的訓誡又會打擊團隊士氣。因此，我跟他們一起思考同時滿足兩項需求的方法。

接著，我們想出了方法。「如果有人失誤，先告訴他『別在意』，以加強團隊向心力，然後再問他：『接下來該怎麼做？』請對方想想下次該如何改進。」這簡單的兩句話，成了隊伍的新習慣。

這個方法非常有效，現在許多國中與高中足球隊也紛紛仿效。有一天，當某場國中足球賽結束後，敵隊教練驚訝地過來問我：「這支隊伍跟三個月前的友誼賽比起來簡直天差地別，你到底做了什麼？」

CHAPTER 3

活用邏輯思考的訣竅

運用分支圖來改善孩子的行為

為什麼老是講不聽？

說了一次講不聽，說了兩次、三次，還是講不聽，最後終於按捺不住，對孩子怒吼：「到底要講幾次你才懂！」各位有沒有這種經驗？

在這一章，我要教大家一個訣竅，讓你不必一再反覆叮嚀，只要講一次就能講到孩子心坎裡，讓你從每天暴怒的循環中解脫。

另一方面，我也了解孩子的心情。別人叫我不要去，我愈想去；叫我別做，我非做不可。孩子對未知的事物充滿好奇、想體驗看看，這是很正常的。

身為父母，絕對不希望孩子遇到危險，或是長期受到不良影響，因此很容易禁止東禁止西，這個不准、那個也不准。

然而，就算家長嚴格禁止，孩子還是常常聽不進去。**因為孩子沒有親身體驗**

過，就不會明白做了那件事有多麼危險。少了那份體驗，家長的叮嚀只會淪為耳邊風，孩子有聽沒有懂。

藉由「分支圖」來整理原因與結果之間的關聯

現在的情況，是如何造成的？如果我做了某件事，會有什麼後果？若你有這樣的疑慮，不妨使用思考工具「分支圖」。

分支圖能整理原因跟結果之間的關聯，拿起紙筆實際練習，就能做出因果關係一目了然的「狀況地圖」。

「分支圖」與「疑雲圖」相同，都是由方塊與箭頭組合而成。疑雲圖的方塊只能有五個，但是分支圖的方塊數量沒有限制；它會從最基本的組合型態，演變成各種形狀與大小。

圖表16　分支圖的基本型態

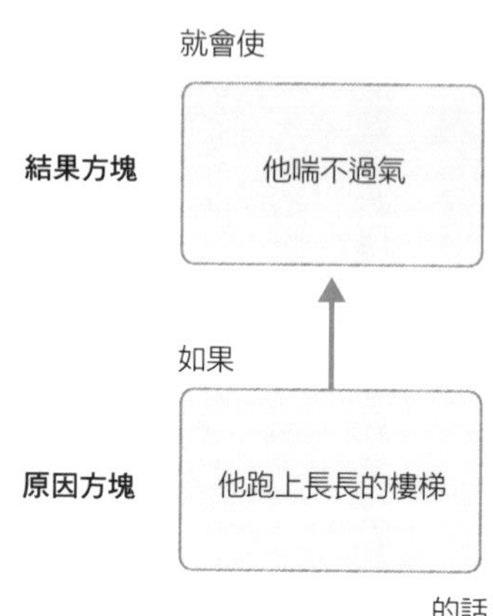

基本型態是兩個方塊、一個箭頭，方塊呈縱式排列，下面的是「原因方塊」，上面的是「結果方塊」（圖表16）。接下來，我們要依照以下順序大聲念出來。**「如果『原因方塊』的話，就會使『結果方塊』。」**

「如果他跑上長長的樓梯的話，就會使他喘不過氣。」

有時候，上一次的結果會成為這一次的原因，造成下一次結果。屆時就擴張枝葉，將方塊往上延伸吧。

舉例來說，假如因為他喘不過氣而停止跑步，將演變成以下的句子。

「如果他喘不過氣的話，就會使他停止跑步。」

「跑上長長的樓梯會喘不過氣」，大家應該都有類似的經驗，因此會覺得這樣的因果關係具有真實感。

可是，「因為喘不過氣，所以想停止跑步」，這個因果關係不一定能套用在每個人身上。或許有人意志力特別堅定，也或許有人特別擅長鞭策自己。

此時，如果能解釋「為什麼他想停止跑步」，大家就能心服口服。解釋的內容將寫在別的方塊裡，在此，我們將「他沒有足以支撐自己咬牙跑下去的重大目標」這句話寫在「理由方塊」中。

圖表17 將「理由方塊」與「香蕉」組合在一起

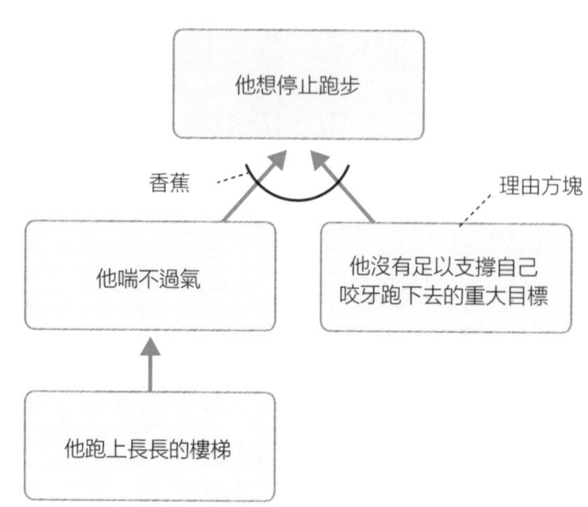

請看圖表17，「原因方塊」與「理由方塊」各有一個箭頭指向「結果方塊」，一條曲線從中間連結了兩個箭頭。這個連結符號長得像香蕉，以下我們就稱它為「香蕉」吧。

附上「香蕉」的分支圖，朗誦時必須加上「因為」兩字。「**如果『原因方塊』的話，就會使『結果方塊』。因為『理由方塊』**。」

「如果他喘不過氣的話，就會使他想停止跑步。因為，他沒有足以支撐自己咬牙跑下去的重大目標。」

如此這般，視情況加上「理由方塊」，朗誦時就會覺得句子更為合理。

分支圖加了「因為」後，你可能會想知道圖表製作得正不正確。

此時，在「原因方塊」與「理由方塊」中間補上「加上」兩字，然後念念看，就知道圖表正不正確了。「**如果『原因方塊』加上『理由方塊』的話，就會使『結果方塊』**。」

「如果他喘不過氣，加上他沒有足以支撐自己咬牙跑下去的重大目標，就會使他想停止跑步。」

多了「加上」兩字，念起來還是很合理。

如果是正確的分支圖，即使將「因為」換成「加上」，念起來一樣合理。

將資訊一一連結起來做成狀況地圖，就能運用邏輯，思考最後會發生什麼事（可能發生什麼事）。

祐樹被便衣警察抓去輔導

祐樹的國中有個叫做「五人幫」的小圈圈，他是其中之一。這五人在校內是出名的搗蛋鬼，老是被叫到校長室，坐在「挨罵沙發」上受罰。

那一天，這五人幫又坐上「挨罵沙發」了。因為前一天傍晚，他們在學校附近的車站商圈紅燈區逗留，被便衣警察抓去輔導。

前因後果如下：

放學後，五人幫一同留下來接受課後輔導。課後輔導結束後，大家相偕返家，有人在路上提議道：

「欸欸，你們知道酒店是什麼樣的地方嗎？」

「不知道。不然就去看看啊！」

如此這般，這五人在紅燈區徘徊，然後被便衣警察逮個正著。

祐樹被警察慘電、被家人嚴懲、又被校長罵得狗血淋頭，不僅如此，這話也傳到了我耳裡。

然而，祐樹卻說：「我又沒偷東西，也沒傷害任何人，事情有那麼嚴重嗎？」看在大人眼裡，心中作何感想？花了那麼多時間與能量教導孩子，孩子卻完全沒把話聽進去，心中想必晴天霹靂吧。

在下一場對談中，我們如何製作狀況地圖，如何使祐樹真正了解社會的規則，將是接下來的重點。

與祐樹一同製作狀況地圖

首先，我詢問祐樹事情的來龍去脈。

我：「你被警察、學校跟家人罵得夠多了吧？我不打算對你指手畫腳，也不打算跟你說不能做這個、不能做那個，所以跟我一起想想到底發生了什麼事吧。主題是：『為什麼被便衣警察抓去輔導？』好，就從『課後輔導結束後去紅燈區』開始講起吧。起點是『學生去紅燈區』。學生去紅燈區，會發生什麼事？」

祐樹：「會遇到壞人。」

我：「好，因為大家都說紅燈區有壞人，對吧？假設你去了十次紅燈區，那麼，你覺得會十次都遇到壞人嗎？」

祐樹：「呃——或許不會吧。」

我：「就是說啊。換句話說，有可能遇到壞人，但不一定每次都會遇到，對吧？學生遇到壞人，會發生什麼事？」

祐樹：「被壞人騙？」

我：「可能吧。或許有些學生會被壞人騙，可是，你覺得是為什麼呢？紅燈區也有很多大人，難道學生比較好騙，大人比較不好騙嗎？」

祐樹：「因為學生不知人間險惡。」

我：「這樣啊。像你們這國中生五人幫，就是不知人間險惡的學生，對吧？」

祐樹：「對對（笑）。」

我：「好騙的學生遇上壞人，會發生什麼事？」

祐樹：「可能會被綁架，或是遇到危險？」

我：「是啊，被綁架或遇到危險的機率會提高不少。你覺得是為什麼？」

祐樹：「嗯——不大清楚耶。」

我：「ＯＫ。好，換個角度想想看。你從家裡到車站，然後搭電車去學校，再從學校回家——這一路上，會遇到很多人吧？當中大概有幾個警察？」

祐樹：「一兩個吧？」

我：「差不多吧。路上好像真的沒有很多警察喔。可是，警察的工作就是保護城鎮的安全，因此他們一定知道去哪裡最能維護治安，對吧？換句話說，看起來最危險的地方，就是警察最多的地方。

可是，那些想做壞事的人如果看到警察，會怎麼做？應該不可能在警察面前做壞事吧？應該會等警察走才犯案吧。另一方面，警察也想趁壞人犯案時逮個正著，所以如果穿著制服巡邏，壞人就會有戒心，就不容易抓到現行犯了。因此，有些警察會穿著便衣，你就是被便衣警察抓去輔導的，對吧？」

祐樹：「嗯。對。」

我：「換句話說，你去的那個地方就是危險的地方。警察的人數不夠多，無法保護所有的學生，因此你被警察抓去輔導並不是偶然，而是因為那地方真的很危險，警察才特地穿著便衣去那裡巡邏。

好，我們言歸正傳。如果學生被綁架、遇到危險的機率提高，會發生什麼事？」

祐樹：「有些學生真的會被騙。」

我：「那麼，如果真的被騙了，會發生什麼事？」

祐樹：「朋友、父母還有周遭的人會很難過。」

我：「還有呢？」

祐樹：「被騙的人也會很難過。」

我：「如果朋友、父母還有周遭的人很難過，被騙的人也很難過，會發生什麼事？」

祐樹：「會盡量避免去有壞人的地方。」

圖表18 與祐樹一同製作的狀況地圖

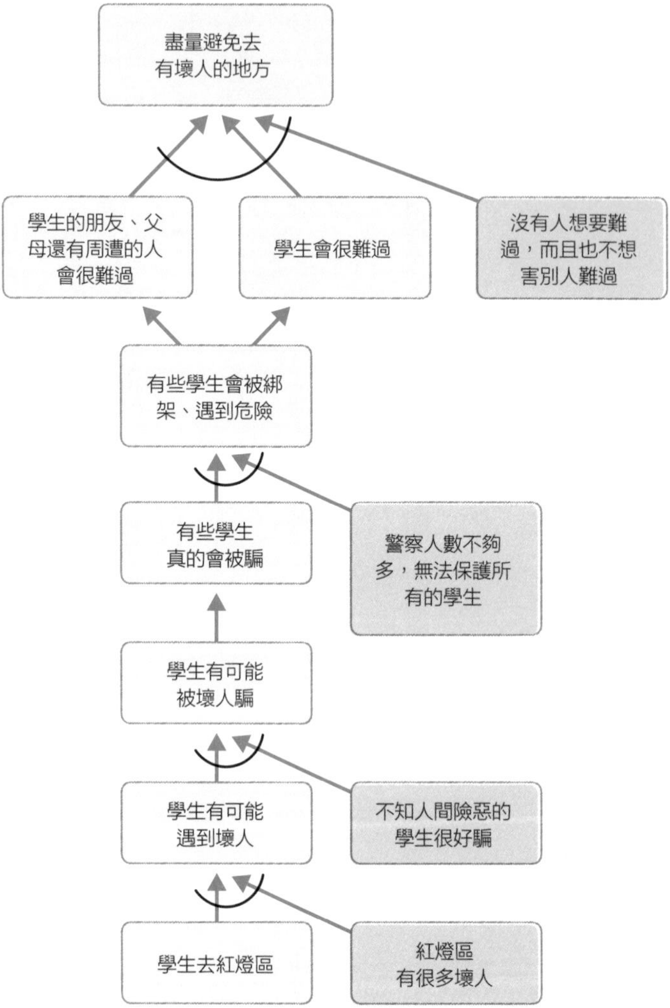

我：「為什麼？」

祐樹：「因為——沒有人想要難過，而且也不想害別人難過。」

如此這般，我們完成了圖表18的狀況地圖。

分支圖有「觸動人心的力量」

在上述的對談中，我一次也沒說過「不可以那樣」「規矩就是規矩」。孩子也懂得思考、懂規矩，也知道什麼情況該做什麼事，只是有些事情他們還不懂，所以只要補充那部分即可。

例如「警察愈多的地方可能愈危險」，大家或許會認為這是常識，但孩子們不一定了解，所以我才會提出這一點。

此外，**如果家長協助孩子一同完成狀況地圖，就能使孩子跳脫思考框架，想得更遠。**

大家都知道遇到壞人可能會被騙，若再補問一句：「那麼，會發生什麼事？」就能訓練孩子想得更周全。

其實，直到我問了這問題，祐樹才發覺這樣會讓自己跟親朋好友難過，而且也不希望自己跟五人幫的其他人遇到這種事。

分支圖是一種能藉由因果關係來掌握事物關聯的邏輯工具，同時也能觸動人心，使對方領悟到「親朋好友會很難過」「自己會很難過」「沒有人想要難過，而且也不想害別人難過」。

因此，一旦孩子領悟，就會改變行為，家長也不需要怒吼：「到底要講幾次你才懂！」

從那之後，祐樹再也不曾被叫去校長室訓斥了。

與祐樹一同分析狀況時，我想起了國小時的自己。

學校在暑假前發給每個人一張注意事項，上頭寫著：「勿前往聲色場所與電子遊樂場。」但是，卻沒有解釋為什麼不能去。我不懂去那裡會發生什麼壞事，反倒是滿懷期待與興奮，心想要是能去探險一番，一定很有成就感……。

「規矩就是規矩，叫你聽話你就聽話」──如果告誡無法說服孩子，就用分支圖讓他領悟吧。

分支圖對四到五歲幼兒也有效

我想，應該有不少讀者家裡的小朋友還很小，或是還在念小學。

即使孩子年紀還很小，各位一樣能與孩子一同用分支圖練習思考。**世界各國的研究證實，四～五歲以上的孩子就適用於分支圖，幼稚園甚至還將其納入教育課程。**

在此向各位介紹一則媽媽與幼稚園生的案例，我們就稱呼這個孩子為M君吧。

有一天，媽媽與M君去家庭餐廳吃飯，兒童餐附了一個小玩具，M君非常喜歡它。吃完飯之後，兩人走路回家，M君一路上都寶貝地緊握著玩具。媽媽與M君走到公寓門口時，巧遇幼稚園的同學K君與他媽媽。

「你看，很棒吧！」

M君將手中的玩具秀給K君看。

K君似乎很有興趣。

「借我！」

不料，M君居然回了這麼一句話。

「不要！」

K君哭了。

M君的媽媽見狀，生氣地告訴他：

「把玩具借人家！」

結果，M君也哭了。K君跟媽媽正巧要出門，因此兩位媽媽拉開了兩個哭泣的孩子。

我原本以為，回家後媽媽肯定會訓M君一頓。

「為什麼你不借他！」

「如果你不想借他，幹嘛把玩具秀給他看！」

然而，這位媽媽不但沒有罵人，反倒運用分支圖與M君溝通。

「M君，你拿到了一個自己很喜歡的玩具對吧？然後你遇到了K君。接下來發生了什麼事？」

「我把玩具秀給他看。」

「是啊。K君看了玩具後，是不是也很想玩玩看呢？K君看了玩具後，說了什麼？」

「『借我』。」

「是啊。然後你說了什麼？」

「我說『不要』。」

「是啊。然後K君就哭了，對吧？」

她一邊與M君溝通，一邊完成了圖表19的分支圖。

「媽媽要問你，你是故意把K君弄哭嗎？」

「不是。」

「是啊。那我們來想想看，為什麼K君說『借我』的時候，你回答『不要』呢？」

「因為那是我的玩具。」

「是啊，那是你的玩具。為什麼K君要你借他玩具時，你回答『不要』呢？」

圖表19 媽媽與 M 君一起製作的狀況地圖

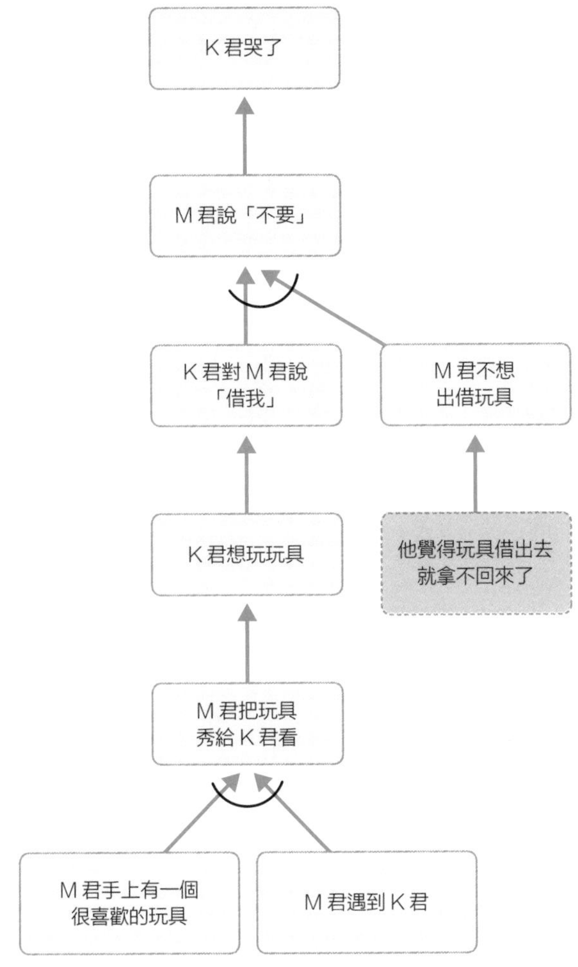

「因為，借出去就拿不回來了。」

「這樣啊。那如果他肯把玩具還你，你就會借他囉？」

「嗯。」

「好，那我們再想想看。你有一個很愛惜的玩具，因為這是你的，所以你希望借出去後能拿回來，對吧？還有，K君是你的好朋友，所以你不想惹他哭，想跟他相親相愛，對吧？如果K君想跟你借玩具，該怎麼做才好呢？」

此時，務必與孩子一同看著分支圖。

「玩一下沒差呀，可是我會叫他還我。可是，如果我不想要玩具被弄壞，我會偷偷一個人玩。」

這個答案，真的是幼兒想出來的。「借他玩一下沒差，可是玩具被弄壞就糟了；所以如果我不想要玩具被弄壞，就選擇替代方案。」在這麼短的時間內，居然能想得如此周到。

「把玩具借人家！不要愛現又不肯借！」與其下命令，倒不如運用分支圖，更能有效訓練孩子的思考力。**最糟糕的就是對孩子指手畫腳，剝奪孩子獨立思考的機會。**

總結
如何運用狀況地圖提高邏輯能力

如何用「分支圖」製作狀況地圖？如何大聲念出來？來歸納一下吧！

分支圖是由方塊、箭頭與香蕉所組成。藉由這些符號，我們能夠自由展現每種狀況與行為的「因果關係」。

請看下一頁的圖表20，分支圖是不是有各種形式呢？

請各位傾聽孩子的話語，一邊依照下面的步驟製作分支圖。每個狀況或每個行為都必須填入不同的方塊，一個方塊相當於一張便利貼。

圖表20 分支圖的各種形式

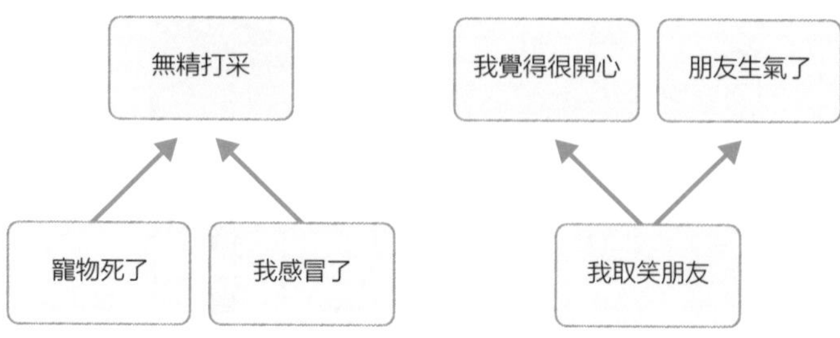

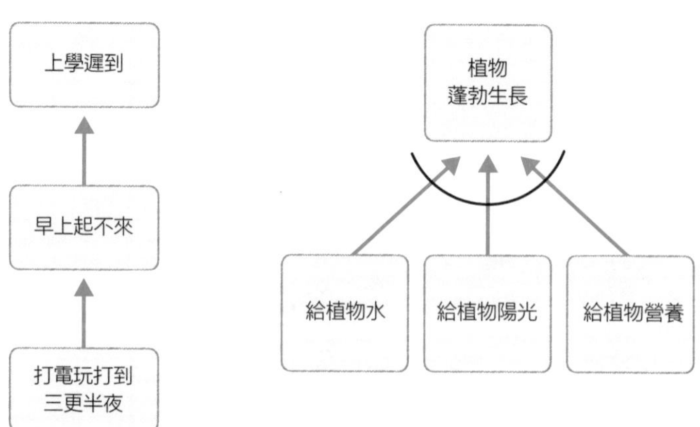

㈠將孩子的話寫在便利貼上

注意前因後果，將孩子的話寫在便利貼上。

㈡將便利貼從下往上排列

如果想分析已經發生的事，就問孩子：**「之後發生了什麼事？」**然後依照時間順序，將發生的狀況或行為逐一寫在便利貼上，從下往上排列。

如果想思考接下來可能發生的事情，就問孩子：**「你覺得，接下來會發生什麼事？」**然後依照時間順序，將接下來可能發生的事情逐一寫在便利貼上，從下往上排列。

㈢檢查寫得正不正確

「如果～的話，就會使～。對吧？」照著這種方式念念看，跟孩子一起檢查。

如果確實沒寫錯，就用箭頭連接念過的兩個方塊。

如果覺得不大對勁，就先別畫箭頭，然後想想能不能用「因為……」來補充說明。有時能用便利貼上舊有的內容填入「理由方塊」，有時則非想出新的理由不可。

「如果～的話，就會使～，因為～。這樣對不對？」念出來問問看孩子，如果孩子同意，就用箭頭連接念過的三個方塊。

至於如何應用在日常生活，主要有兩種模式。第一，就像前面提過的便衣警察案例，它能教你回顧過去，從中學習。第二，就是教各位深層檢討即將執行的決策，提高成功機率。

請遵循上述的三個步驟，參閱下面的例子善加應用。

〈應用範例一〉藉由往事學習教訓

①先決定想回顧什麼內容，然後寫上便利貼，貼在紙的上緣。提問例句：「我們要來聊聊哪個問題？」

②想想最初發生了什麼事，然後寫上便利貼，貼在紙的下緣。提問例句：「一開始，你做了什麼？」

③利用上述三個步驟完成分支圖（圖表21）

④看著完成的分支圖，與孩子討論這件事帶來什麼啟發。提問例句：「把過去所有的事情串連起來之後，你得到了什麼啟示？」

〈應用範例二〉提高決策的成功機率

①將期望（結果）、即將執行的決策（原因）以及決策的優點做成分支圖（圖表21）

②想想執行決策時可能遇到什麼障礙，將其寫在便利貼上，從「原因方塊」拉箭頭過去，連接起來。提問例句：「如果執行這項決策，可能遇到什麼障礙？」

③承上，想想為什麼會遇到障礙，將理由寫在便利貼上。提問例句：「你覺得為什麼會這樣？」

④修正、改善最初的決策，以提高成功機率，避免遇到障礙。提問例句：「有沒有什麼好辦法，可以解決障礙？」

圖表21 回顧過去的寫法

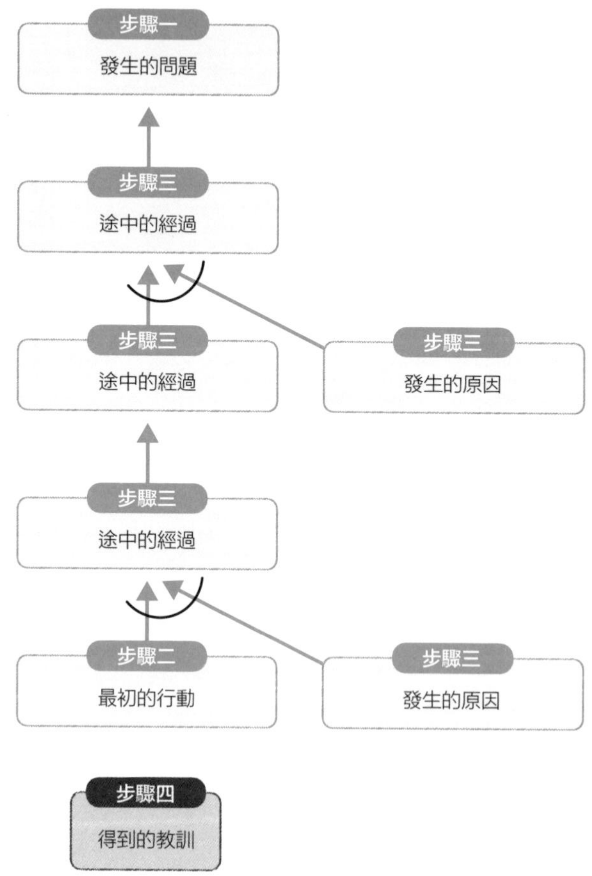

圖表22 想要改善決策時的寫法

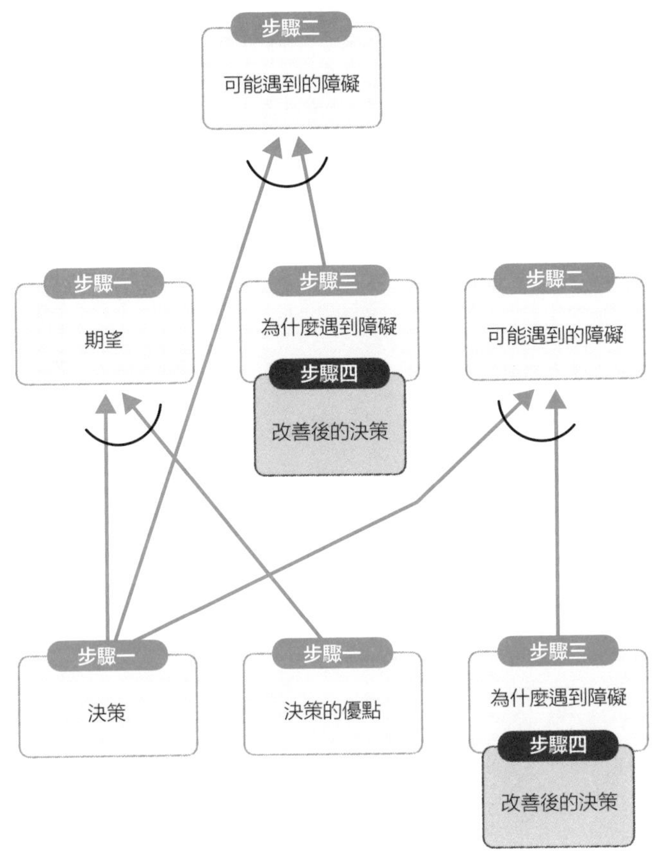

運用分支圖解救班級失序的小學生

有個孩子就讀的國小班上發生了班級失序❹。他跟媽媽還有幾個朋友運用分支圖，共同思考：為什麼班級秩序解體？該如何恢復呢？

班上有些學生學習力比較強，有些學生則學得比較慢；如果學得比較慢的學生惹了麻煩，某些老師很容易認為「都是那個學生的錯」，久而久之，學生就會無故被訓斥、被罵。此外，班上同學看在眼裡，也會瞧不起那個學生，造成同學之間的摩擦。

問題發生後，老師跟家長都想掌握前因後果，卻阻礙重重。學生不想被老師跟家長罵，而老師也不想被家長跟其他老師罵，在這層心理障礙之下，他們要嘛隱瞞部分事實，要嘛修飾、美化自己的所作所為。

到頭來，大家互不信任、互相推卸責任，導致班級秩序愈來愈難恢復。最後，每個人都怒氣沖沖，事情一發不可收拾。

三個小學生，針對此事想出了對策。

①大家在班會中製作分支圖，探討「生氣了該怎麼辦」

②相信老師及家長

③三思而後行

④（人難免會犯錯，犯錯時）務必在被罵前道歉

不知不覺間，大家逐漸做到「大人也學會克制怒氣」「抽出時間，大家好好溝通」「防患未然」「不再發飆」，學生再也不會被大人挑毛病，校園生活也變得更加愉快。

班級秩序失控時，家長、老師與教育委員會都會對此展開討論，思考對策。但是，孩子們才是班上的主角，他們也想讓校園生活變得更美好，而且，他們也有能力想出很棒的對策。

4 — 学級崩壊。泛指學校失去集體教育機能，而且無法用一般方法解決問題。

CHAPTER 4

提升學習效率的訣竅

運用分支圖使孩子樂在學習，提升成績

「死背」是升學的必要之惡嗎？

我們從小學念書念到大學，花費那麼多時間，真的有意義嗎？還是說，其實有些事情比讀書還重要？

針對這一點，大家各有定見。

如果沒有大學文憑，就算有想做的事，也不容易得到挑戰的機會；至於薪水，也受到學歷不少影響（當然還是有例外）。

想到殘酷的現實，家長當然希望孩子有大學文憑，才能拓展未來的可能性，而且最好考上大學名校。天下父母心，各位的心情我非常了解。

另一方面，從孩子的角度看來，或許會覺得讀書簡直是活受罪。讀書只是為了在試卷上寫出既定的標準答案，死背一堆知識跟解題方式，真的對自己的未來有幫助嗎？

我以前也考過大學聯考，回頭想想，「絞盡腦汁，動腦思考答案」，確實對我的未來有幫助；反過來說，「明明讀了幾頁就想睡，卻為了考試死背書」，對我一點用都沒有。

事實上，許多孩子對於學校的課業或升學考試，可能是抱著以下的想法。

- ☑ **對讀書沒興趣，根本是活受罪**
- ☑ **受不了為了考試而死背書**
- ☑ **比較想要快樂地自發學習**
- ☑ **如果能愈學愈好，提升成績，那還不錯啦**

如果有一種學習法能實現以上的願望，對孩子或是家長來說，豈不是意義非凡？

其實，**只要利用上一章介紹的「分支圖」，就能藉由「原因」跟「結果」的關聯吸收課本的知識，不必死背，也能融會貫通。**

這是適用於所有主要科目的學習法，請各位務必與孩子一同練習。

利用圖解筆記激發好奇心，讀書再也不無聊

祐樹讀小學時拒絕上學，上了國中，所有主要科目也都必須課後輔導跟補考。客觀看來，他的工作記憶（掌管腦部短期記憶的功能）的檢查數值極端低下，他本人也知道自己不擅長背書，算數學速度太慢。

明明很努力讀書，成績卻總是落在同年級一百二十人的一百名之後。「只要有心就能成功」，這句話對他不適用，因為他已經很努力了。如果對他說「加油」，反而只是在逼迫、折磨他。

那麼，難道他只能自認倒楣，認為「反正我就是腦袋不好」「反正我的記憶力就是差，成績不好就認了吧」？**在教導祐樹改變學習方式之前，必須先讓他不再自暴自棄，相信自己「或許辦得到」。**

話雖如此，畢竟他在讀書這方面充滿挫折，所以做起來並不容易。因此，我跟他一起分析考試結果，擬定戰略。

結果，我發現一件有意思的事情。他在正式考試只拿到二十分，但是在考題類似的補考中，卻能拿到八十分。

這是非常重要的提示。

如果腦部發育有障礙，學習能力不足，那麼不管正式考試或是補考，他同樣都會碰壁。反過來說，只要補考、重複練習就能考得好，就表示他的學習能力沒問題。

換句話說，只要採用有效的學習方式好好念書，他就能考得好。當時的祐樹或許只是還不知道該如何有效學習，才會跟不上學校課業，考試也考不好。

那麼，祐樹在學習方面下了什麼樣的功夫？最大的差別，就是他用了「分支圖」。

只要用原因跟結果來連結資訊，記憶力就能大幅改善。人名、年號、公式、數字、新的概念、知識的結構……從今天起，大家再也不需要痛苦地死背這些東西了。

請各位回想一下小時候看過的童話故事。就拿《桃太郎》來說吧。

即使過了這麼久，大家還是記得大綱，是因為資訊連結在一起，變成了故事。

「故事化」也能運用在學校的課業上，**只要懂得如何用「分支圖」歸納筆記就好。**

以下，就讓我們來看看幾個科目的例子吧！

現代社會　歸納日圓升值美元貶值的思考法

下一頁的圖表23，我歸納了日圓升值美元貶值的思考法。此處與第3章相同，句子的念法是**「如果～的話，就會使～」**。

例如圖表最下面那一段，唸法是「如果1美元＝120日圓變成1美元＝

100日圓的話，就會使美元貶值」。如果把美元想成超市的蔬菜，那麼「貶值」兩字應該一聽就懂吧？

接下來也是一樣。

「如果美元貶值，就會使同樣金額的日圓能買到更多美元。」

「如果同樣金額的日圓能買到更多美元，就會使日圓升值。」

圖表23 《現代社會》什麼叫做日圓升值美元貶值？

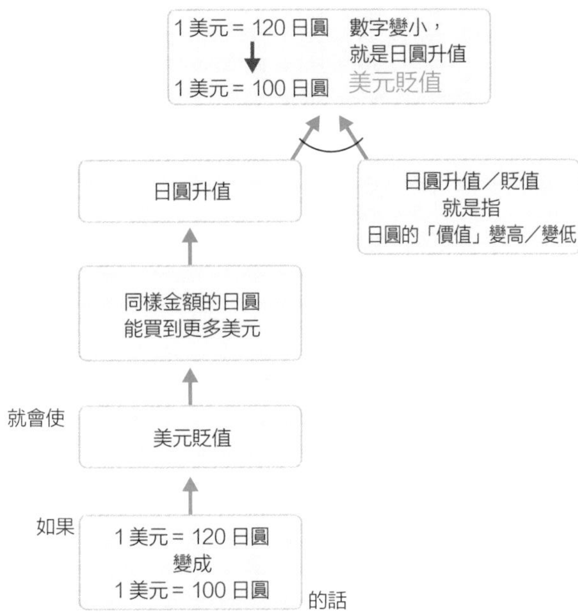

接下來，假如兩項原因產生一項結果，朗誦時應補上「加上」兩字。

「如果日圓升值，加上『日圓升值／貶值就是指日圓的價值變高／變低』，以1美元＝120日圓變成1美元＝100日圓為例，數字變小，就是日圓升值美元貶值。」

現代社會科的老師，應該很擅長解釋這項概念。可是，有時以為聽懂了，事後又常常覺得「咦？好像怪怪的」。那是因為搞混了資訊之間的因果關係。

將因果關係寫在筆記本上，就能一步一步地追溯前因後果，進而融會貫通。此外，這也有助於梳理脈絡，提問時只要說「我不懂這部分」就好。

不擅長讀書的孩子，常常連哪裡不懂都說不清楚。久而久之，就會變成「我不懂社會科」「我聽不懂〇〇老師在講什麼」「△△課好無聊」。

只要運用分支圖做成圖解筆記，就能輕鬆找出卡住的部分，然後對症下藥。

自然科學 為什麼海水是鹹的？

自然科學這門課是智慧的寶庫，探索奧祕真的很有趣。

「為什麼海水是鹹的？」每個人都想過這個問題，但回答起來卻不簡單。不過，只要看過圖表24的圖解筆記，包準過目不忘。

廢話不多說，快開始吧！

「如果岩石含有微量鹽分，加上岩石淋雨的話，就會使岩石的微量鹽分溶在雨水中。」

「如果岩石淋雨，就會使雨水流入河川。」

圖表24《自然科學》為什麼海水是鹹的？

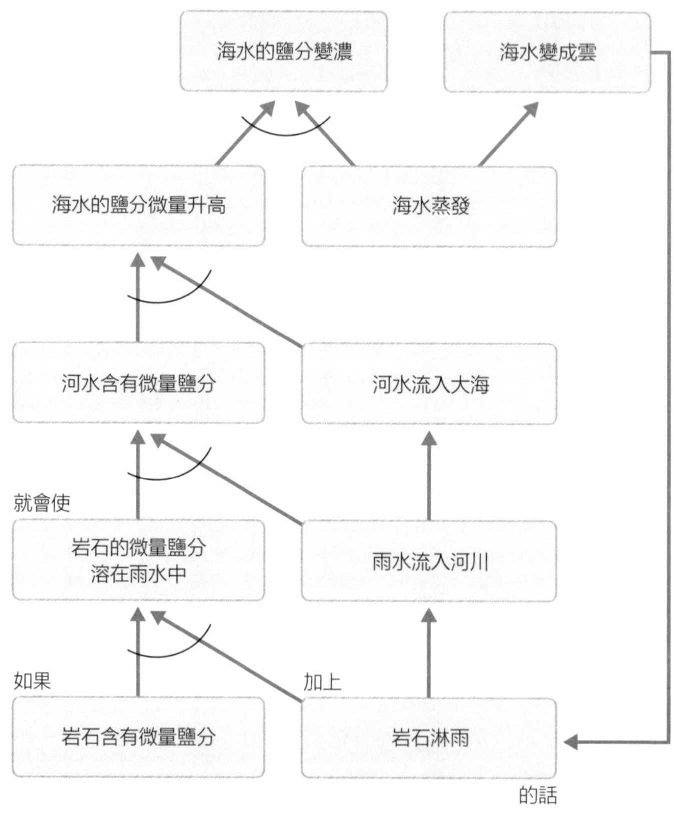

「如果雨水中含有岩石的微量鹽分，加上雨水流入河川，就會使河水含有微量鹽分。」

「如果河水含有微量鹽分，加上河水流入大海，就會使海水的鹽分微量升高。」

「如果海水的鹽分微量升高，加上海水蒸發，就會使海水的鹽分變濃。」

「如果海水蒸發，就會變成雲。」

「如果海水變成雲，就會使岩石淋雨。」

這張分支圖，出現了從上方回到下方的箭頭。這是循環的意思，表示下雨、雨水從河川流入大海、海水變成雲、然後又下雨……循環不息。每次的循環，都會使海水的鹽分微量升高。

「為什麼海水是鹹的？」了解答案後，就能更加明白「地球氣象」這個大題目；而徹底解開疑問後，孩子就會有更高的求知慾。

解釋自然現象很難讓孩子一聽就懂，但是我們只用了一頁分支圖跟數行文字就解釋完畢，是不是很令人驚奇呢？

跟冗長枯燥的解說文比起來，分支圖真是簡單易懂。**因為閱讀文章時，我們只能靠自己參透資訊的脈絡，而分支圖卻用箭頭標示了因果關係。**

數學　運用聯立方程式解開應用題

我從國中數學選了一題應用題，做成了圖表25。

隨著學校課業難度升高，家長也愈來愈難照顧孩子的功課了。此外，就算家長會解題，也不一定能教會孩子。

圖表25 《數學》運用聯立方程式解應用題（一）

有一班火車以固定速度通過 700 公尺長的鐵橋，總共花費 40 秒。然後這班火車又以固定速度進入 2500 公尺長的隧道，從完全進入隧道到車頭探出隧道共花了 120 秒，求這班火車的長度與速度。

換句話說，**孩子遲早都得動腦分析自己的功課，自己解決問題。**

這種時候，用分支圖就對了。

我將這題應用題的解法歸納在圖表26。

圖裡有很多方塊，沒辦法全部念出來，請各位先關注正中央的「第一個例子 $40 = (700 + x)/y$」與「第二個例子 $120 = (2500-x)/y$」這兩個方塊。

這兩個方塊下面的部分是分析應用題並寫成方程式的過程，而兩個方塊上面的部份，則是實際解開方程式的計算過程。

此外，我想大家應該發現了一件事：最下面兩個方塊不是文字，而是圖示。使用用圖解筆記的目的，是幫助大家分析資訊之間的因果關係。**方塊裡面要寫字還是畫圖，端看使用時機與狀況而定。**

圖表26 《數學》運用聯立方程式解應用題（二）

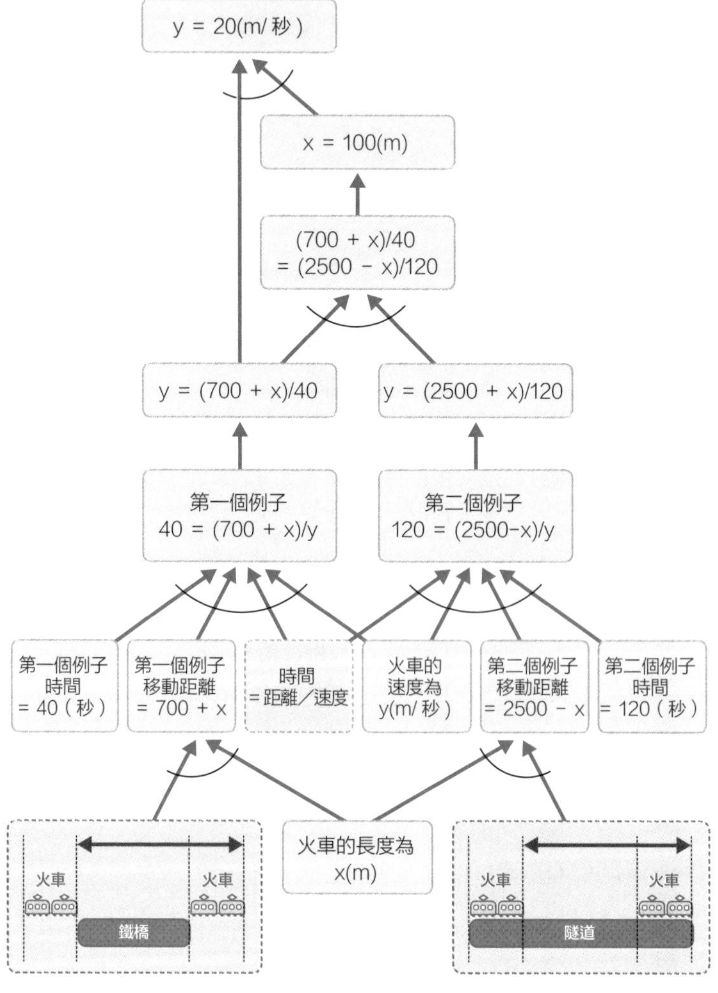

附帶一提，這次我選出的問題並沒有指定答案的單位。一般而言，火車的速度是「時速○公里」，而上述的分支圖答案單位變成了「秒速○公尺」，因此，請做出下一張分支圖，練習將火車的速度從「秒速」變成「時速」吧。

國文　解讀角色的心聲

我將《平家物語》❺中的〈敦盛的下場〉一部分劇情做成分支圖。源氏陣營的熊谷次郎直實，抓住了當時十七歲的平敦盛。

5－鎌倉時代的戰爭文學代表，描述平安晚期兩大武士集團源氏和平氏興衰的歷史。作者不詳。

圖表27 《國文》解讀角色的心聲

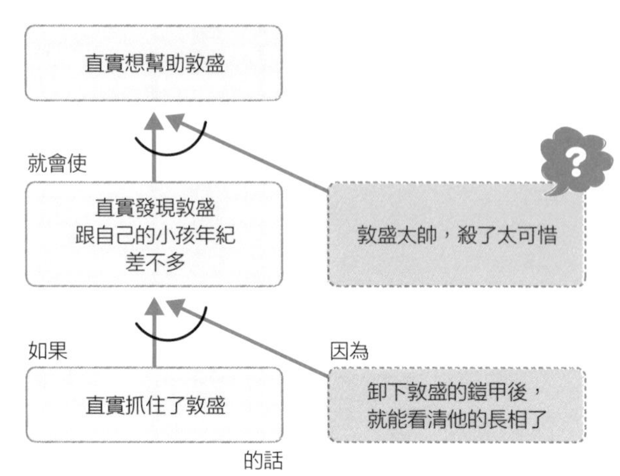

「如果直實抓住了敦盛的話，就會使直實發現敦盛跟自己的小孩年紀差不多。」

唸起來就是這樣，沒錯吧？

前因後果不清不楚，看得真是一頭霧水。此時，不妨利用「因為」來補充說明。虛線的部分是「理由方塊」，負責補充說明。

「如果直實抓住了敦盛的話，就會使直實發現敦盛跟自己的小孩年紀差不多。因為，卸下敦盛的鎧甲後，就能看清他的長相了。」

接下來，也一樣大聲唸出來。

「如果直實發現敦盛跟自己的

小孩年紀差不多，就會使直實想幫助敦盛。」

劇情會變成這樣。可是，直實抓到的可是敵方武將，怎麼會想幫助他呢？

好，接著問問看孩子這個問題。

「如果～的話，就會使～，為什麼？」

「如果直實發現敦盛跟自己的小孩年紀差不多，就會使直實想幫助敦盛，為什麼？」

有個國中生的答案是「因為敦盛太帥，殺了太可惜」。在源氏與平氏兩方大戰之中，這算得上是幫助敵軍的好理由嗎？

再問問看孩子，說不到會得到別的答案。**這項練習，目的是訓練孩子解讀角色的心聲。**

「如果～的話，就會使～。因為～」套用這樣的公式，再請孩子大聲唸出自己想出來的答案，便能培養孩子自行驗證解答、深思，更加正確地解讀角色的心聲。

歷史　取回故事的原貌

下一頁的圖表28，是由歷史課本的大和王權❻相關內容做成的圖解筆記。

歷史課本在有限的篇幅中，滿滿塞入了從古至今的大事，導致每件事都只能講重點，省略了詳細資訊。

就是因為這樣，才會讓歷史課本令人呵欠連連，因為它缺乏了歷史漫畫、小說、古裝劇所擁有的故事性。

究竟後人是如何解釋歷史？解釋的依據是什麼？（連同被課本省略的部分）動腦想想看，就能取回故事的原貌，讓學習變得更快樂。快樂學習，吸收知識就變得更容易，考試成績自然也會提升。此外，「快樂」正是活到老學到老的動力。

好，趕快來唸唸看吧！

圖表28 《歷史》取回故事的原貌

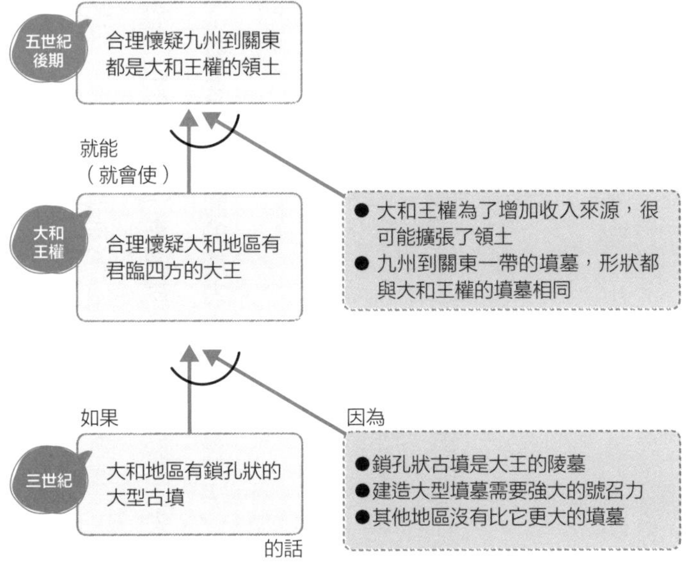

6 又名倭國、大倭國，是四世紀到七世紀在日本大和地區興起的政權。

「如果大和地區有鎖孔狀的大型古墳的話，就能合理懷疑大和地區有君臨四方的大王。因為鎖孔狀古墳是大王的陵墓，建造大型墳墓需要強大的號召力，而其他地區沒有比它更大的墳墓。」

此時，不妨動腦想想看能在「理由方塊」（「因為」……）裡填入什麼內容。

藉由思考「為什麼？」來激發孩子的好奇心，不僅能使孩子對歷史產生興趣，也能培養孩子連結各方面資訊的能力。提出各種想法之後，孩子若能自行修正、刪除邏輯不通的部分，那就更好了。

這項練習的目的，是訓練孩子大膽假設，小心求證。吸收課業內容的同時，也能訓練邏輯思考能力。

此外，「理由方塊」裡的每個想法都能分別寫在別的方塊中，因為一個方塊只寫一個想法，有助於個別檢視。

分支圖的下一個步驟，也能採用同樣的念法。

「如果合理懷疑大和地區有君臨四方的大王，就能合理懷疑九州到關東都是大和王權的領土。因為大和王權為了增加收入來源，很可能擴張了領土，而九州到關東一帶的墳墓，形狀都與大和王權的墳墓相同。」

事實上，「理由方塊」所述的部分，要嘛就是完全沒出現在課本中，要嘛就是只寫了一點點。相反地，課本裡出現的多半是像圖表28對話框裡的「數字」與「名詞」。

不明白來龍去脈，只為了考試而死背數字跟名詞，根本只是在折磨自己。但是，**有了分支圖，就能將課本的內容變成有條有理的故事，便於吸收理解。**

分支圖最厲害的地方，在於它不僅能用在國文、數學、自然科學、社會，也能應用在日常生活中，完全無須改變用法；此外，不只小學生、國中生、高中生，出社會之後，分支圖依然能帶來很大的幫助。

祐樹成績名列前茅

祐樹想運用分支圖努力用功，不料遇到了障礙。

當時祐樹所有的主要科目都需要課後輔導❼，放學後得留到傍晚。課後輔導幾天後有補考，祐樹又必須用功準備補考。他本來就不擅長讀書，準備補考就夠忙了，哪有時間做當天的功課、預習日後的考試？根本是不可能的任務。

再這樣下去，下一次考試大概也免不了全軍覆沒，然後又得課後輔導&補考。

因此，我們回到大原則，決定先解決一個科目，避免補考。

如果計劃順利，就能證明「你考不好不是因為腦袋不好，也不是因為你比較笨」。

況且，只要課後輔導跟補習的科目少了一科，就能把時間拿來準備下一場考試。

如此這般，祐樹選了「社會科」，決定針對這科努力用功。

結果，祐樹的社會科成績在全年級名列前茅，甚至在校內榜上有名。祐樹的媽媽大吃一驚，特地打電話給學校老師，希望老師將榜單拍照送給她。

之後，祐樹也用同樣的方法對付數學、英文與其他科目，終於達到零課輔的成就。

總結 利用資訊整理法戰勝各科目

資訊整理法能夠戰勝各科目。它只有三種基本形式，並延伸變化組合。我將它歸納成圖表29。

7 日本的課後輔導是針對考試不及格或及格邊緣的學生所辦，通常課後輔導後需要補考。

圖表29 分支圖的三種基本形式

〈形式一〉
一個原因，一個結果

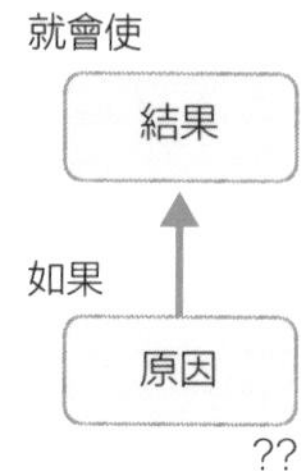

〈形式二〉
一個原因，一個結果，補充說明

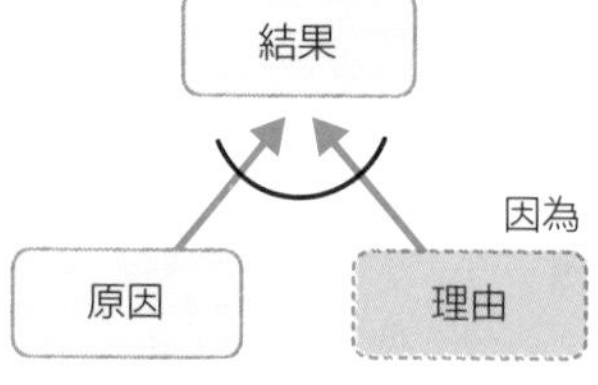

〈形式三〉
多個原因，一個結果

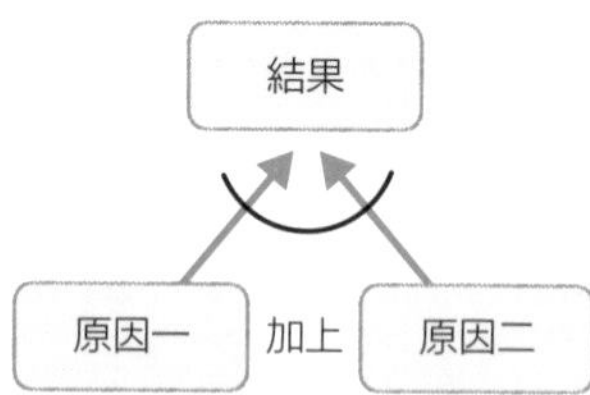

適用於形式二的內容，也適用於形式三

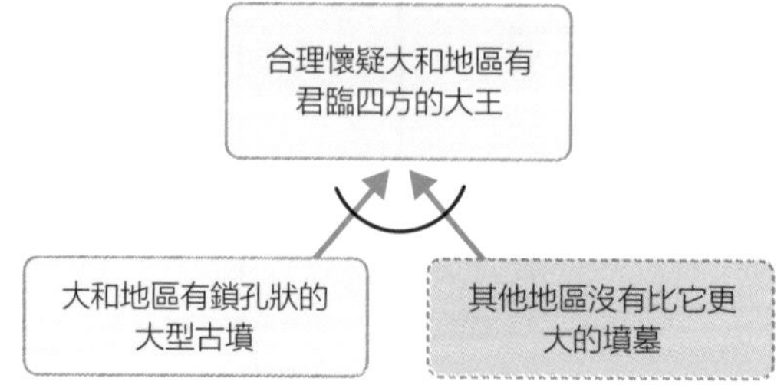

〈形式一〉一個原因，一個結果

唸法：「如果（原因）的話，就會使（結果）。」

〈形式二〉一個原因，一個結果，補充說明

唸法：「如果（原因）的話，就會使（結果）。因為（理由）。」

〈形式三〉多個原因，一個結果

唸法：「如果（原因一）加上（原因二）的話，就會使（結果）。」

最後，我想帶大家複習更進階的知識，那就是：適用於形式二的內容，也適用於形式三。

請參閱大和王權的部分分支圖。套入形式二的唸法如下。

「如果大和地區有鎖孔狀的大型古墳，就能（就會使）合理懷疑大和地區有君臨四方的大王。因為其他地區沒有比它更大的墳墓。」

這是「先說結論，再說證據」的形式。

接下來，我們將同樣的分支圖套入形式三。

「如果大和地區有鎖孔狀的大型古墳，加上其他地區沒有比它更大的墳墓，就能（就會使）合理懷疑大和地區有君臨四方的大王。」

這是「先說證據，再說結論」的形式。

如何，兩種句子念起來都很合理吧？如同上述的例子，適用於形式二的內容，也適用於形式三。換句話說，**「因為」句型跟「加上」句型可互相調換。**

分支圖主要適用於兩種情況。第一，是用來理解資訊的脈絡（比如課本）；第二，是用來推測字裡行間的弦外之音（心情、意圖、背景）。

以下，是各種情況的應用方式。

〈應用範例一〉理解資訊的脈絡

①擷取資訊當中的關鍵句，每一句分別寫在不同便利貼上

②承①，從便利貼中選出事情的開端，貼在紙的下緣

③順著因果關係，將一次又一次的狀況（便利貼）依序連結下去。便利貼必須從下往上貼，必須順著故事的來龍去脈。提問例句：「這件事情，使後來發生了什麼事？」

④「如果～的話，就會使～」「如果～的話，就會使～。因為。」將句子填進去念念看，並且補充缺乏的資訊，完成分支圖

〈應用範例二〉推測字裡行間的弦外之音

①到③都跟〈應用案例一〉相同

④從下方依序排好兩張便利貼，問孩子：「如果～的話，就會使～。為什麼？」然後將理由寫在便利貼上。便利貼須貼在「原因方塊」右側

⑤如果是團體練習，請每個人念出自己做好的分支圖並交換意見，以期導向更正確的推測

透過分支圖的圖解筆記避開留級危機！

這則故事的主角，是個將一切奉獻給劇團團練的高中生。

他常常練習到三更半夜，回家就累癱睡著；早上睡過頭，上學遲到，一整個早上都坐在位子上神遊；下午總算有精神，上課卻聽不懂，跟不上課業進度，放學後又得參加社團活動。

這樣一路走過來，想也知道成績不會太好看。第一學期跟第二學期的成績都是滿江紅，到了第二學期的期末考，數學滿分一百只拿了四分，掉到全班最後一名。第三學期❽開學後，老師告訴他：「你再這樣下去，可能會留級喔。」

此時，我成了他的人生教練，期限是第三學期期末考前這短短六星期；一次兩小時，一週兩次，算起來只有二十四小時，而且影響留級的科目共有四科（數學、物理、化學、世界史），每科的時間只有六小時；考試範圍約為五十頁課本，怎麼想都需要一百小時才夠。不僅如此，他的夢想是成為職業演員，因此死也不想翹掉劇團團練。

「不想翹掉劇團團練」「需要一百小時，六小時根本不夠」……我把這些關鍵寫在便利貼上，然後問他：「你覺得該怎麼辦？」事實上，這是他自己的問題，所以只有他能給出最好的答案。

他的第一個想法是「考前猜題」，第二則是「專心聽課」。既然考題多半來自於課堂上教過的內容，後者應該能成為一帖特效藥。可是，這裡有個問題。都跟不上進度了，聽課大概也是鴨子聽雷；因此，我教他如何在上課中用分支圖做圖解筆記，也教他如果分支圖做得不順利，該如何清楚說出自己不懂的地方，向老師討教。

若能知道自己哪裡不懂，就能透過發問解除疑惑，融會貫通，進而提升成績。班上的遲到大王突然開始專心聽課、做筆記，而且還會向老師發問，想必老師對學生也會大幅改觀，屆時也會在校內成績單上打個好成績。如此這般，我們用分支圖擬定了作戰計劃，他看了眼睛一亮，大喊：「有希望了！」最後，他成功避開留級，順利地從高中畢業了。

8 ─ 日本的國小、國中到高中，基本上都是三學期制，第一學期四月到七月，第二學期九月到十二月，第三學期是一月到三月。

CHAPTER 5

達成遠大目標的訣竅

運用遠大目標圖來實現夢想

該追夢還是面對現實？

克拉克博士❾有句名言是：「少年啊，要胸懷大志！」而大人們也希望孩子能胸懷大志，才會將「我的志願」設成幼稚園或國小的作文題目（或發表會題目）。

另一方面，許多孩子的夢想，會隨著年齡增長而愈來愈小。

假設有個喜歡足球的小學生，本來希望將來能在皇家馬德里❿一展長才，但高中畢業時明白自己的實力差距，說不定夢想就會變成「一邊工作，一邊當家鄉少年足球隊的教練」。

這是很現實的考量。他思考過後，認為未來走這條路會比較幸福；當然，家長也很可能推了一把。

換句話說，大人一方面希望孩子胸懷大志，一方面又希望孩子考量現實。因為他們不忍心看到孩子挑戰遙不可及的夢想，導致踢到鐵板。

那麼，難道「面對現實」才是正道嗎？

難道終究得放棄夢想嗎？

如果沒有夢想，就沒有實現的可能。如果不期望成為職業足球選手，大概也不會變成職業足球選手。想想，其實胸懷大志是很重要的。

遠大夢想很重要，面對現實也很重要。然而，能實現夢想的人，終究只是少數。

追夢失敗，多半是因為遭受挫折。一旦屢屢受挫，「反正我再怎麼努力也沒用」的想法就會深深烙印在腦海，導致孩子降低目標；如果又失敗了，孩子會認為「反正我就是沒出息」，不敢再做夢。

各位家長，應該都不希望孩子落入這步田地吧？

這一章，我要來介紹最適合實現夢想的思考工具，那就是「遠大目標圖

9 William Smith Clark，威廉．史密斯．克拉克，通稱克拉克博士，美國教育家、美國陸軍退役上校，日本北海道札幌農學校的首任校長。

10 皇家馬德里足球俱樂部，一家位於西班牙首都馬德里的足球俱樂部，世界球壇最成功的足球俱樂部之一。

（Ambitious Target Tree）」。

Ambitious Target是「遠大目標」的意思。**究竟該如何達成難以達成的目標？這項思考工具，將幫助孩子動腦思考，動手執行。**

藉由遠大目標圖，我們將清楚明白該如何設定遠大目標、途中將遇到什麼障礙，以及如何跨越障礙。

然後，再照著接下來介紹的「五大步驟」一步步實踐，就能實現夢想。

達成目標的「五大步驟」

運用遠大目標圖達成目標，共有五大步驟。

①設定遠大目標，具體說出口

②列下可能出現的障礙清單

③設定跨越障礙後的中期目標

④排列中期目標的優先順序

⑤設定達成中期目標後的具體行動

在此，我將舉例說明各步驟的實踐方式。故事的主角，就是152頁到153頁所介紹的那位想成為職業演員的高中男生。

這位高中生是學校的熱舞社社員，放學後都到劇團報到，每天練習演戲。對這位準演員而言，試鏡是獲得電影或電視劇角色的大好機會，但錄取名額實在太少了。

於是，我依據達成目標的每個步驟，與他進行對談。

〈步驟一〉設定遠大目標，具體說出口

首先，將想要實現的夢想或目標寫出來。假如目標太小，不僅得不到成就感，而且也無法鞭策自己成長，所以建議目標設定得愈大愈好。

我：「你有沒有什麼畢生最大的夢想或目標？」

他：「得到電視劇的角色，在電視上演出。」

我：「這樣啊。能上電視確實很棒，不過，你只要上一次電視就滿足了嗎？既然你想當職業演員，應該希望一直演下去吧？」

他：「對啊。想想將來，我還是希望能一輩子當個一流演員。」

〈步驟二〉列下可能出現的障礙清單

一般而言，目標愈大，途中遇到的障礙也愈大。想一想，達成目標前會遇到哪些障礙？能寫多少就寫多少。知己知彼百戰百勝，如果心裡有底，就能未雨綢繆。

我們在第1章說過「『心事』有助於打開話匣子」，這裡我們要使出同一招，以套出對方的話。

我：「好，那麼針對『一輩子當個一流演員』這個目標，目前有哪些障礙？」

他：「首先就是我不紅，還有，沒有通過試鏡。」

我：「嗯嗯。還有其他的嗎？」

他：「有些角色我演不好。還有，現在我是高中生，所以家裡供我吃住，但我擔心以後不能靠演戲吃飯。」

〈步驟三〉設定跨越障礙後的中期目標

跨越某個障礙後，所達成的就是中期目標。設定了中期目標，就比較容易達成遠大目標。**照理說，每個障礙都有中期目標，但有時一個障礙有好幾個中期目標，或是A障礙跟B障礙有共同的中期目標。**

我：「好，我們來瞧瞧列舉出來的每一個障礙吧。跨越『不紅』的障礙後，你希望發生什麼好事？」

他：「我當然想變紅，可是我不是想被媒體採訪，而是希望能成為知名的實力派演員。」

我：「你想成為實力派演員呀。好，那我們談談下一個。跨越『無法通過試鏡』的障礙後，你希望發生什麼好事？」

圖表30 演員夢的障礙與中期目標

目標：**一輩子當個一流演員**

障礙	中期目標	行動
不紅	成為知名的實力派演員	
無法通過試鏡	抓住機會	
演不好某些角色	戲路變廣	
無法靠演戲吃飯	接到戲約	

他：「其實重點不在於試鏡，我只是想抓住機會。」

我：「那『有些角色演不好』這點呢？」

他：「希望戲路變廣。」

我：「最後一個障礙就是『無法靠演戲吃飯』，你的目標是什麼？」

他：「希望能靠演戲吃飯，還有，最好能接到戲約。」

建議各位邊聊邊做圖表（參閱圖表30），對日後很有幫助。右邊的「行動」欄，我們將在步驟五填滿。

〈步驟四〉排列中期目標的優先順序

我們在步驟三列舉了一些中期目標，現在要幫它們排順序。**每個中期目標的達成時機各不相同，而且有時必須先達成A目標，才能達成B目標。**仔細想一想，將順序排出來吧。

我：「你最初想到的『目標』跟剛剛列出來的『中期目標』，現在全都寫在藍色便利貼上，我想它們應該有先後順序之分。該怎麼排順序呢？首先，把『目標』便利貼貼在最上面，然後想想『如果我要一輩子當個一流演員，在那之前必須達成什麼？』你覺得呢？」

他：「在一輩子當個一流演員之前，我覺得應該先成為知名的實力派演員。」

我：「對對，就是這樣。好，在成為知名的實力派演員之前，你必須達成什麼？」

他：「接到戲約。可是，我覺得戲路變廣也很重要。」

我：「如果你排不出順序，兩個都選也沒關係喔。這兩個中期目標一定可以同

圖表31 遠大目標圖

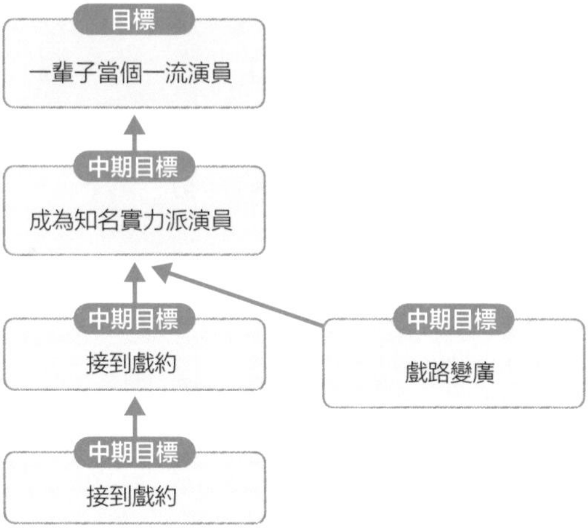

目標
一輩子當個一流演員

中期目標
成為知名實力派演員

中期目標
接到戲約

中期目標
戲路變廣

中期目標
接到戲約

時挑戰。達成『接到戲約』跟『戲路變廣』這兩個中期目標後，就能接著挑戰『成為知名實力派演員』這個中期目標了，對吧？」

在對談中排出中期目標的順序後，就成了遠大目標圖（參閱圖表31）。請想像自己從下面順著梯子往上爬。

從圖表看來，「抓住機會」跟「戲路變廣」這兩個中期目標前面，並沒有任何中期目標。換句話說，**這兩項目標就是當下該做的事，其他目標可暫且不管。**

目標順序明朗化後，就能清楚分辨「現在該做的事」與「現在不需要做的事」，進而全心朝著當下的目標衝刺。

〈步驟五〉設定達成中期目標後的具體行動

在此，我們要想想如何達成步驟四的中期目標。方法愈是具體，就愈有可能達成遠大目標。

我：「好，我們來想想看，跨越試鏡的障礙後，該如何達成『抓住機會』這個中期目標呢？對了，試鏡的機會多嗎？」

他：「對。拍電影跟電視劇時常常需要試鏡，每個月都有不同的試鏡機會。還有，我會跟我們劇團的人商量，應徵適合我的試鏡。」

我：「好，我希望你想出一部具體的作品。這個月或下個月，你就要去應徵試鏡了，請問該怎麼做，才能抓住機會？」

他：「公開試鏡時，作品、導演跟主要角色都已經選好了。因此，可以從中看出導演喜歡哪種風格。我想，只要研究過去的試鏡錄取者跟導演以往的作品，就能知道導演想要什麼樣的演技。」

我：「我懂了。姑且問一下，你覺得這樣行得通嗎？」

他：「是，我覺得行得通！」

如此這般，每個中期目標都填上了行動。步驟三的圖表終於完成了，請參閱圖表32。

行動必須具體，執行門檻不能太高，而且執行後必須能達成中期目標、消除障礙。這兩點是關鍵，請務必檢查。

附帶一提，他遵循「遠大目標圖」實行幾星期後，終於首度通過試鏡，也在小說《惡之教典》（原作：貴志祐介）的改編電影中出道，成為演員。

圖表32 用具體行動達成中期目標

目標：一輩子當個一流演員

障礙	中期目標	行動
不紅	成為知名的實力派演員	努力提高演技
無法通過試鏡	抓住機會	研究過去的試鏡錄取者跟導演以往的作品，掌握導演的喜好
演不好某些角色	戲路變廣	努力拓展戲路
無法靠演戲吃飯	接到戲約	給予導演、工作人員與合作夥伴好印象

祐樹改頭換面「不再當笨蛋」

接下來，跟我一起藉由祐樹的故事，複習「遠大目標圖」的步驟吧！

祐樹認識我之後過了半年，他的生活態度大幅轉變，也開始想讀書求上進了。以下是他的說法。

「這不是真正的我。我不想再當笨蛋了。」

「就算不會念書，也要吸引別人的注意。」基於這樣的動機，祐樹開始惹事生非，因為他覺得那樣很酷。可是有一天，他發現了一件事。

「我不會念書，生活也一團糟，這不就只是個笨蛋而已嗎？」

扮演笨蛋的，正是祐樹本人。當私生活的問題逐漸減少，課業也出現一線光明時，他終於看見了理想的自己。

如此這般，我跟祐樹一起擬定「不再當笨蛋」（步驟一）的目標。

這項目標對祐樹而言並不容易，眼前有著許多障礙（步驟二）。

- ☑提不起幹勁
- ☑無法擺脫一起惹事生非的五人幫
- ☑早上起不來
- ☑作業寫不完
- ☑老是補考
- ☑課後輔導也沒用

聽著聽著，實在不覺得祐樹真的能「不再當笨蛋」。人一旦設定「遠大目標」，就會想出一堆「辦不到的理由」，導致容易半途而廢。

不過，**其實這堆「辦不到的理由」，正是達成目標的捷徑。**

在此，我針對每一項障礙，逐一詢問祐樹（步驟三）。

我：「針對『提不起幹勁』這項障礙，你的理想目標是什麼？」

祐樹：「提起幹勁。」

我：「針對『無法擺脫一起惹事生非的五人幫』這項障礙，你的理想目標是什麼？」

祐樹：「跟他們斷絕來往。」

我：「針對『早上起不來』這項障礙，你的理想目標是什麼？」

祐樹：「早上起得來。」

我：「針對『作業寫不完』這項障礙，你的理想目標是什麼？」

祐樹：「好好寫作業，按時交作業。」

我：「針對『老是補考』這項障礙，你的理想目標是什麼？」

祐樹：「至少有一科不必補考。」

我：「針對『課後輔導也沒用』這項障礙，你的理想目標是什麼？」

祐樹：「善用課輔時間，預習下一場考試。」

換句話說，祐樹為了達成目標，必須先「提起幹勁」、「跟五人幫斷絕來往」、「早上起得來」、「好好寫作業，按時交作業」、「至少有一科不必補考」、「善用課輔時間，預習下一場考試」。

「不再當笨蛋」乍看是個很難達成的目標，但是**跨越每個障礙（也就是達成中期目標）後，大多數的人都會覺得自己「好像辦得到」。**

接下來的步驟四，必須將所有的中期目標排列順序，但祐樹覺得可以同時進行。像這種時候，不妨省略步驟四。

在實際對談中，我針對每個中期目標詢問祐樹，並將圖表一口氣填滿。（參閱圖表33）

我：「要怎麼做，才能『提起幹勁』？」

祐樹：「問問自己：『如果不做，會怎麼樣？』並將得到的答案寫在『不再當笨蛋筆記』。」

我：「要怎麼做，才能『跟五人幫斷絕來往』？」

祐樹：「告訴他們『今天有事』或『今天我要去醫院』，拒絕他們。」

我：「要怎麼做，才能『早上起得來』？」

祐樹：「如果吃藥沒用，一定有原因。記下現在的用藥份量跟身體狀況，然後跟醫生商量。」

我：「要怎麼做，才能『至少有一科不必補考』？」

祐樹：「努力專攻一個科目，想想該怎麼讀比較有效率。」

圖表33 祐樹的「不再當笨蛋」行動計劃

目標：**不再當笨蛋**

障礙	中期目標	行動
提不起幹勁	提起幹勁	問問自己：「如果不做，會怎麼樣？」並將得到的答案寫在「不再當笨蛋筆記」
無法擺脫一起惹事生非的五人幫	跟五人幫斷絕來往	告訴他們「今天有事」或「今天要去醫院」，拒絕他們
早上起不來	早上起得來	記下現在的用藥份量跟身體狀況，然後跟醫生商量
作業寫不完	好好寫作業，按時交作業	
老是補考	至少有一科不必補考	努力專攻一個科目，想想該怎麼讀比較有效率
課後輔導也沒用	善用課輔時間，預習下一場考試	反正七點才能走，不如就早點把課輔的作業寫完，然後請教朋友或老師

我：「要怎麼做，才能『善用課輔時間，預習下一場考試』？」

祐樹：「反正七點才能走，不如就早點把課輔的作業寫完，然後請教朋友或老師。」

將所有該做的「行動」排列出來瀏覽，就會覺得其實每一項都是「只要有心就辦得到」。**說到底，人不會說出自己辦不到的事情，所以既然說出來，就一定辦得到。**

與其對孩子指手畫腳，不如藉由提問，激發孩子的思考。

做出行動，就能達成中期目標。

達成中期目標，就能克服障礙。

克服所有障礙後，就能達成遠大目標。

透過「遠大目標圖」，我們能清楚看見達成目標的流程，孩子也會因此動腦思考。

剛才的圖表有個空格。「要怎麼做，才能『好好寫作業，按時交作業』？」祐樹想不出答案。想不出該採取什麼行動時，該怎麼辦？待會再告訴你。

該如何對付「網路社群成癮症候群」

有時設了中期目標，卻遲遲想不出該採取什麼行動。

這種時候，不妨再深入想想，為什麼會遇到這項障礙？在此，我要借用一下第三、四章所介紹過的「分支圖」。

首先，請參閱下一頁的圖表34。

圖表34 利用分支圖歸納作業寫不完的原因

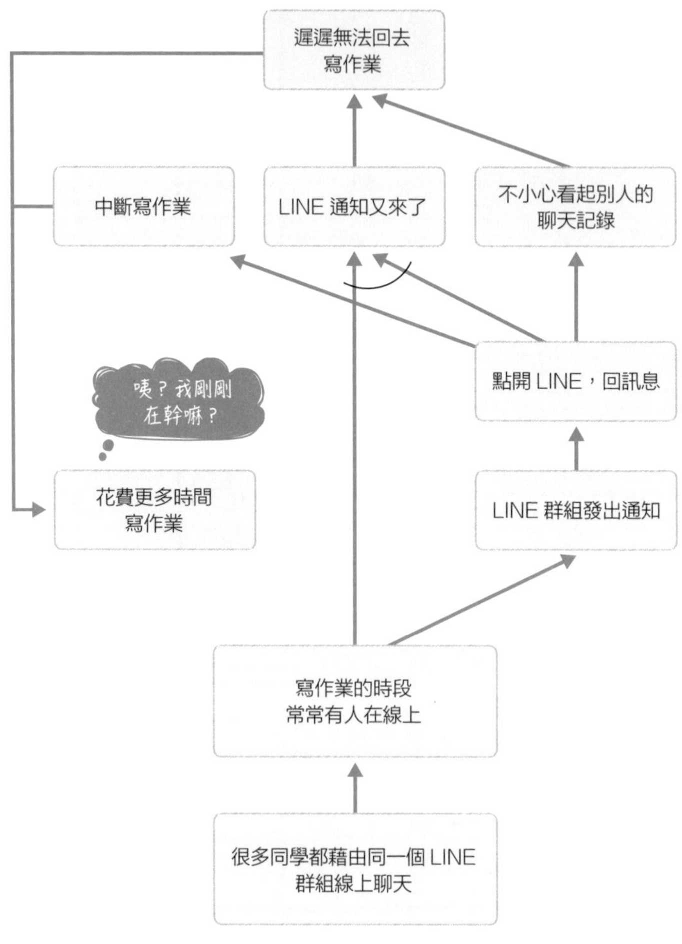

祐樹跟很多同學共用一個「LINE群組」，這是一種多人聊天系統。他們在群組裡聊天，晚上常常有人在線上，偏偏晚上也是寫作業的時間。

祐樹寫作業時，手機總是傳來LINE的通知，於是祐樹點開LINE回訊息，然後又不自覺地看起其他人的聊天記錄。

看著看著，又有人回了祐樹的訊息。時間就這樣一點一滴流逝，導致祐樹作業寫不完。

這就是祐樹的行動模式。

換句話說，下一頁的圖表35，就是祐樹的寫照。

假設專心寫作業能在四十分鐘內寫完，那麼，如果寫五分鐘作業、聊天五分鐘，然後又寫五分鐘作業、聊天五分鐘，像這樣邊寫作業邊聊天，會發生什麼事呢？

圖表35　為什麼聊天會導致作業寫不完？

想像中的時間配額

寫作業的時間

聊天的時間

五分鐘　五分鐘　五分鐘　五分鐘　五分鐘　五分鐘　五分鐘　五分鐘　五分鐘　五分鐘　五分鐘　五分鐘　五分鐘　五分鐘　五分鐘　五分鐘

專心寫作業，就能在四十分鐘內寫完

約兩倍時間

實際上的時間配額

花費比想像中更長的時間

寫作業跟聊天都花了差不多時間，所以祐樹大概以為只會比預期多花一倍時間。假設晚上八點開始寫作業，寫作業花四十分鐘、聊天花四十分鐘，他八成以為九點半就能寫完。

然而，事實上，每次聊完回來寫作業，祐樹的反應都是：「咦？我剛剛在幹嘛？」於是，祐樹必須重讀一次剛才讀過的文章，或是忘記剛才數學算到哪裡，導致得重算一次。

圖表36 作業寫不完的原因

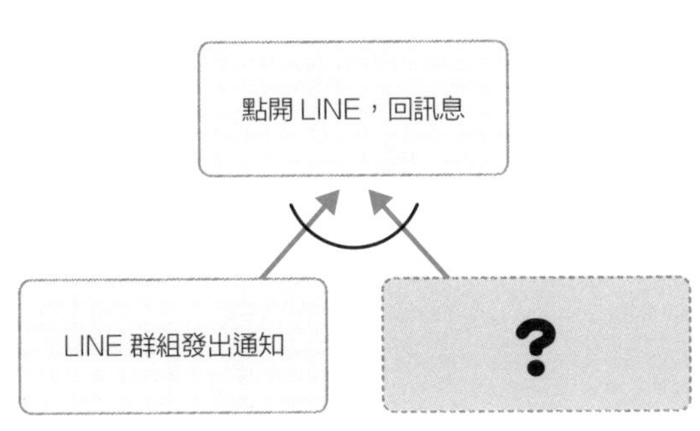

千萬不能小看這段時間。人類的腦無法同時集中精神應付多件事，研究已經證實人類不擅長一心多用（Multitasking，又稱多任務處理）。難怪不管到了晚上十點或是十一點，祐樹還是寫不完。

作業寫不完的原因，我已簡單扼要地做成圖表36。

乍看之下複雜難解的問題，只要深入探究，結構往往很簡單。

不過，結構簡單不等於好解決。「一旦LINE群組發出通知，就忍不住點開LINE回訊息」——要解決問題，必須先戒掉這個習慣。

因此，我跟祐樹開始討論。

我：「為什麼有人敲你，你就必須回訊息呢？」

祐樹：「因為他們是我朋友。」

我：「是啊，朋友的確很重要。那麼，那位朋友願意花多少時間等你回訊呢？你當然不希望朋友認為你難相處吧？」

祐樹：「我想，幾分鐘應該沒問題。」

我：「這樣啊，那我問你，你都是在幾分鐘內就回訊嗎？」

祐樹：「大部分是。可是，如果我在吃飯、洗澡或看電視沒注意到通知，就會半小時或一小時後才回訊。事後，我會告訴朋友『抱歉，我剛剛在洗澡』。」

我：「那麼，必須在多少時間內回訊，才不需要道歉？」

祐樹：「大家都是人，每個人都有事要忙，難免被事情耽擱，所以我覺得差不多二十分鐘吧。」

聊完後，我們決定訂出「二十分鐘集中衝刺時間」。規則如下。

首先，不要把手機帶進房間，放在一個看不見也聽不見的地方。接著，將計時器設定為二十分鐘（或是其他適當時間），開始寫作業。二十分鐘後，就能盡情讀訊息、回訊息，然後再將手機放在房間外，避免看見、聽見手機通知，接著寫二十分鐘作業，如此循環。

祐樹設定的二十分鐘非常合理。朋友願意等二十分鐘，而人類的集中力頂多也只能持續十五到二十分鐘。

如此一來，祐樹不會被朋友嫌難相處，也能好好寫作業；之後，如同我在第4章所述，祐樹的成績突飛猛進，終於名列前茅。

總結

築夢、追夢、實現夢想五步驟

乍看難以達成的「遠大目標」，只要照順序一步一步來，其實沒有想像中那麼難。我將順序整理成圖表37，請參閱。

〈步驟一〉設定遠大目標，具體說出口
〈步驟二〉列下可能出現的障礙清單
〈步驟三〉設定跨越障礙後的中期目標
〈步驟四〉排列中期目標的優先順序
〈步驟五〉設定達成中期目標後的具體行動

圖表37 遠大目標圖的順序

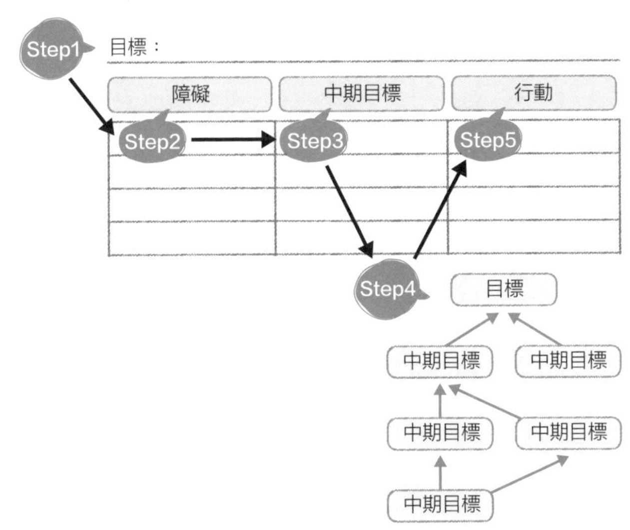

步驟一，如果一時之間想不出什麼遠大目標，不妨想個標題，然後先做步驟二到步驟五，再好好設定步驟一的目標。

執行「遠大目標圖」的各步驟時，有兩個重點。

㈠挖出各種障礙

所謂的障礙，就是「辦不到的藉口」，換言之是「抱怨」。想抱怨什麼，就儘管抱怨吧！一般人容易認為：人不應該「找藉口」跟「抱怨」，但這是重要的起點，因為一旦消除「藉口」跟「抱怨」，就能達成目標。此外，另一個好處就是：「找藉口」跟「抱怨」很簡單，也很好想！

(二)與其思考解決方案，不如思考「理想狀態」

思考如何達成夢想或目標之前，應該先思考何謂「理想狀態」。

人一旦遇到問題，就會想解決問題。愈想解決問題，愈會絞盡腦汁尋找方法，但想出來的方法很少是最佳策略。

例如，假如孩子覺得「課後輔導沒用」，你問他「該怎麼辦」，他的答案可能是「翹掉課後輔導」、「向老師抱怨」，或是「跟朋友一起打混」。

反之，如果先將「善用課輔時間，預習下一場考試」這個理想狀態設定為中期目標，再請孩子想想該怎麼做，他才會想出有用的實踐方案。

讓學校教育與社會生活接軌的遠大目標圖

學校教育將大幅產生變化，填鴨教育將成為過去式，學子積極主動參與（Active Learning，主動學習法）的時代即將到來。

在我看來，主動學習法的用意是讓「學校教的知識」與「社會上需要的知識」接軌，期望學子們長大成人後，發現當時所學並沒有白費。

至於我本人，也在某所公立國中的國文課堂上，實行了主動學習法。那堂課的主題，是赫曼・赫塞[11]的短篇小說《少年時代的回憶》[12]。主角是一名少年，他偷了朋友重要的蝴蝶標本，不小心弄壞了；他覺得必須向朋友道歉，卻又不知該如何是好。

11 – Hermann Hess，德國詩人、小說家，一九四六年獲得諾貝爾文學獎。

12 – 原名 Jugendgedenken，赫曼・赫塞發表於一九三一年的短篇小說。

我請學生們針對這個橋段製作遠大目標圖，將目標設定為「向朋友道歉」（①障礙：心神不寧、②中期目標：卸下心中的大石、③具體行動：自己能做些什麼），請他們寫下報告，發表意見。

許多成績優良的學生，都想從故事中尋找答案；而不擅長閱讀的學生，則會參照自己的過往經驗（向別人道歉的經驗），從中尋求答案。

有個學生的答案如下：①障礙：「向朋友道歉還算簡單，朋友會原諒我，但他爸媽就不好對付了」、②中期目標：「避免朋友的父母知道這件事」、③具體行動：「拜託朋友不要告訴爸媽」。如此這般，學生不僅能在課堂上學習解讀角色的心境，也能互相分享闖蕩社會的智慧。

班上同學們紛紛發表意見，分享自己向朋友道歉的忐忑不安，也提出了許多對策。老師不是課堂的掌控者，是學生的發言促成了這堂課，成就了學習目標。

有些學生的意見令人耳目一新，課堂上充滿活力與樂趣。老師告訴我：「有的學生平時上課沒什麼機會發表意見，如今卻在課堂上發光發熱。」這番話真是令我印象深刻。運用本書所介紹的思考工具，就能讓各位將學校教育與社會生活接軌。

CHAPTER 6

將「學習法」融會貫通的訣竅

讓孩子學會自動自發，並不斷成長

有了學習力，就能獲得各種能力

教育也有流行趨勢。教育孩子的內容，會伴隨時代變遷而產生變化。

就拿英文來說吧，長久以來，大家都說英文很重要，而近年來電腦與網路不斷發達，所以大家也說程式設計能力不可或缺。不僅如此，為了在成熟社會⓭中生存，也需要專業理財知識。

然而，孩子的學習時間是有限的，學了這項，就得放棄別項。各位家長，你們是否煩惱過：究竟什麼樣的知識，才是孩子長大所需的知識？

唯一能肯定的是，假設孩子再過十五年就得出社會，那麼在那之前，他必須學會些什麼。

只是，現在的我們，恐怕無法預測究竟該學什麼，又該學到什麼程度才好。時代變遷愈來愈快速，十五年後的社會，將與我們現在的社會大不相同。說到底，孩子所需要的能力，終究取決於他選擇什麼樣的人生。

因此，我教導孩子們「學習的訣竅」。只要掌握學習的訣竅，無論孩子將來出社會需要學習什麼，都能自行學習。

那麼，該如何教導孩子「學習的訣竅」呢？

我認為最重要的，是讓孩子體會到「學習的樂趣」。死背學校所教的算式跟名詞很痛苦，但自主學習不僅不辛苦，反倒能藉由新知拓展世界，得到成就感與滿足感。如此正向循環，就能培養孩子明白「學習的樂趣」，不是嗎？

基於以上觀點，我注意到了「電玩遊戲」。

13 – Mature society，英國籍匈牙利裔物理學家丹尼斯．蓋博所創的理論，意指即使經濟成長達到巔峰，也不放棄提升心靈與生活品質的自由平等社會。

說到電玩遊戲，最有名的就是角色扮演遊戲了。電玩遊戲設計得真好，每個人都為之入迷；玩家不僅很快就能得到小小的成就感，遊戲也為玩家準備了「只差一點點」就能成功的過關門檻。

只要稍微努力就能過關，得到成就感，然後又出現新的關卡，使玩家欲罷不能。遊戲的難關是和緩的山坡，不會過於陡峭；可能會稍微卡關，但成就感卻很大。

如果現實世界的學習，也能將成就感最大化，使孩子不斷學習新知識，又能使孩子愈來愈進步，讓他們樂在學習，豈不是再好不過？

這一章所介紹的「輔導循環（Coaching cycle）」，將幫助大家實現這項理想。

善加協助孩子學習

孩子必須學習很多事情，而大人整天忙東忙西，難免會希望孩子「快點學好」，導致對孩子下命令、直接告知答案，但是，這樣無法好好協助孩子學習吧？

如果成天對孩子下命令、指手畫腳，會發生什麼事？

☑ 孩子會頂嘴

☑ 孩子可能陷入恐慌

☑ 親子關係可能惡化

☑ 親子溝通產生障礙

家裡有小學生的爸媽，常常說出這種話。

「快點寫功課。」

「快點洗澡，後面還有人等著洗呢。」

「這麼重要的信，為什麼不早點拿出來？」

「你補習快遲到了，不要拖拖拉拉，快一點！」

圖表38 該不該對孩子下命令？

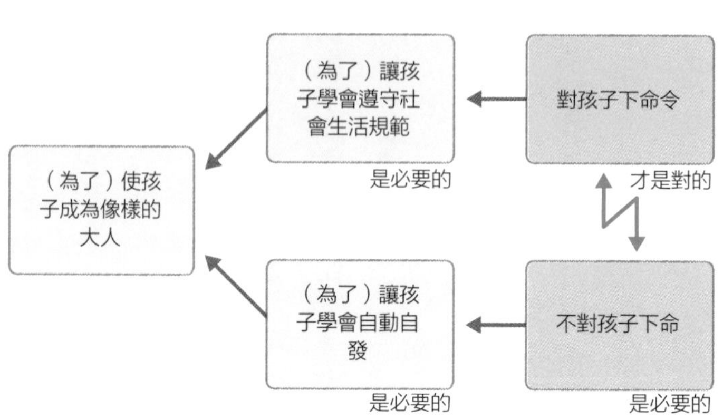

爸媽看孩子拖拖拉拉，總忍不住催促「快點、快點」，但催促是無法促進孩子學習的。

那麼，如果不對孩子下命令，會發生什麼事？

功課寫不完，遲遲不洗澡，導致晚睡、早上睡過頭、上學遲到，然後又因為早上太匆忙而忘東忘西——這是有可能的。

到底該不該對孩子下命令？我將這個問題整理成圖表38的疑雲圖。

為了「使孩子成為像樣的大人」，必須「讓孩子學會遵守社會生活規範」。為了「讓孩子學會遵守社會規範」，應該「對孩子下命令」。

反過來看，為了使「孩子成為像樣的大人」，必須「讓孩子學會自動自發」。為了「讓孩子學會自動自發」，應該「不對孩子下命令」。

如果對孩子下命令，孩子就很難學會自動自發；但是如果不對孩子下命令，孩子就很難學會遵守社會生活規範。

乍看之下，這兩個需求很難並存，但是請放心。

「輔導循環」能提高孩子的達成力，藉由這項思考工具，就能同時達成「讓孩子學會自動自發」與「讓孩子學會遵守社會規範」。

藉由「輔導循環」的七大步驟提高達成力

圖表39的「輔導循環」七大步驟，能培養孩子有效率地學習新知識，並應用在日常生活中。教導新知必然得遵循某種順序，以下統稱為「程序（Process）」。

圖表39 「輔導循環」的七大步驟

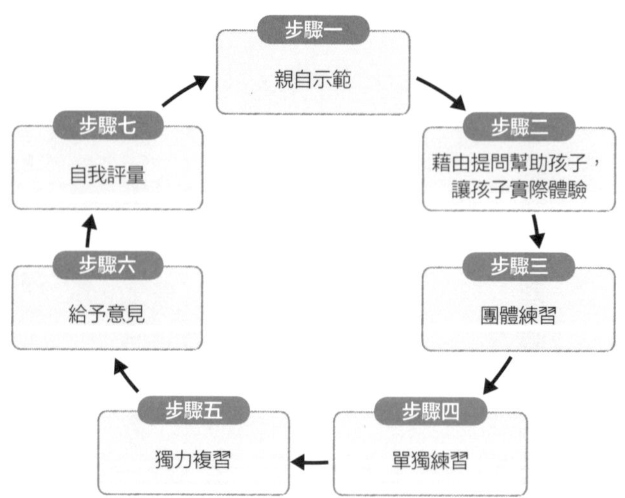

〈步驟一〉親自示範

口頭傳授有其極限，無法傳達出所有的知識。因此，最好親自示範給孩子看，透過視覺及聽覺的輔助，更能有效傳授程序。

（輔導要訣）

①親自示範的內容務必簡單扼要，才能讓孩子專注於程序本身。
②一邊示範一邊講解重點，才能清楚傳達切入的角度與內容。
③同時秀出正例與反例，讓孩子從兩者的對比之中了解重點。

〈步驟二〉藉由提問幫助孩子，讓孩子實際體驗

光是看與聽，無法完全吸收程序的內容，而且很可能看著聽著就忘了。讓孩子立即複習、回想學到的程序，就能使孩子牢記在心。

（輔導要訣）

①向孩子簡單提問，協助他回想順序。「下一步是什麼？」最初給的提示愈少愈好，然後再循序漸進增加提示，才能有效激發孩子的能力。

②提問之後，耐心等待一分鐘。孩子會在回想的過程中建立資訊的脈絡，請珍惜這段時間。

③如果孩子還是想不起來，請不要告知答案，而是藉由追問給予提示。「啊，我知道了！」孩子一旦恍然大悟，就能嘗到發現的喜悅，更加樂於學習。

〈步驟三〉團體練習

即使孩子恍然大悟，也不代表能實際運用。程序缺一不可，而且有時以為自己懂了，但實際做起來才發現有些地方還不了解，這種事常有。藉由團體練習，就能互相補足彼此的缺失。

（輔導要訣）

①開始練習前，先制定團體練習的「規則」。團體成員的知識水準、理解力與興趣都各不相同，這是很正常的；請注意別讓某個孩子搶盡鋒頭，或是聊天打混、或讓某個孩子落單，這會降低練習效率。

②規則應視情況而定，在此舉幾個例子：「接納組員的任何發言，耐心聽到

最後」「組員發言時，將內容完整抄到便利貼上」「請按照順序演練」「有問題請向老師求助」。

〈步驟四〉單獨練習

團體合作與孤軍奮戰，所需求的能力簡直天差地別。請孩子單獨練習一連串的程序，他才能克服難關，融會貫通。

（輔導要訣）

①單獨練習後，請孩子向其他人發表、說明。透過這項過程，孩子會思考：「這樣講他聽得懂嗎？」進而加深對事物的理解。

〈步驟五〉獨力複習

學習、體驗、練習新的程序後，將感想化為言語並不容易。因此，必須騰出一段時間，刻意讓孩子複習程序。孩子能藉由複習看出接下來的課題，進而學會自主學習。

（輔導要訣）

①事先制定複習的「形式」。任何情況都有一定的形式，遵循形式複習，就能讓孩子專注於複習的內容。

②舉個例子，有一種形式叫做「YWTM」。「你做了什麼？」「你懂了什麼？」「接下來要做什麼？」「做這件事的好處是什麼？」這是取自以上四句的日文羅馬拼音首字母，依照以上順序提問，就能讓孩子在回答的過程中自然複習。答案不限於一個，好幾個答案也沒關係。（日本能率協會創立了YWT這個方法，而岸良裕司加上了M，使其成為有效實踐「循環式品質管理循環」的工具）。

〈步驟六〉給予意見

即使孩子複習了，還是有可能遇到盲點。從不同角度給予孩子建議，有助於發現盲點、深度學習、拓展應用範圍。

（輔導要訣）

①先從具體評論優點開始。最好找出兩個優點。日本人所給的意見有時容易流於「批評」，藉由具體指出優點，能使孩子記住好的行為，提升維持的動力

②指出缺失時，請著重於最重要的部分。孩子已經藉由複習反省了不少，只挑大重點，才能促使給意見的人思考真正的核心。建議使用「如果……，就更完美了」的說法，會使意見聽起來柔和不少

③再複述一次優點，做為總結

以上三個順序，也是廣為人知的企業團體活動講評法。

〈步驟七〉自我評量

學會一項程序，不見得想繼續使用。讓孩子明白繼續使用的優點大於缺點，他才會想繼續使用。

〈輔導要訣〉

①請孩子想一想，能否將學會的程序應用於日常生活的各種狀況。若能在生

活中派上用場，使用它的優點就會大於缺點。

②請孩子想一想，使用這項程序有什麼壞處？列舉幾個例子吧！然後再請孩子想想該如何事先預防，如何應用。如此一來，孩子就會認為優點大於缺點，或是將缺點化為優點。

如果孩子的學習並不順利，請先檢查看看，是否漏掉了七大步驟中的任何一個步驟。補足漏掉的步驟，多半就能去除障礙。

此外，七大步驟還有一項功效：遵循七大步驟輔助孩子，大人就不會操之過急，而錯失教學相長的機會。

大受讚賞的男童軍小隊長祐樹

祐樹升上國三後，成了當地的男童軍團資深童軍。

所謂的男童軍，就是透過野外活動來培養青少年獨立、合群與領導能力，成為社會上有用的人才。祐樹跟小學生一起露營，並受命為小隊長。

露營需要做很多事情，例如汲水、搭灶、生火，連煮水都是一門功夫。睡在帳篷裡很熱，而且又會被蚊子叮、腰痠背痛，跟舒適的日常生活簡直天差地別。

想煮個飯，鍋子卻被燻得黑漆漆；烹飪失敗導致食材變黑炭，這一餐就不用吃了。不僅如此，營地也找不到ＩＨ調理爐[14]或洗碗機。

生活在文明社會的孩子們，究竟應該在露營中學到什麼？至少，應該不是生火或搭帳篷。

祐樹懷著這樣的想法，決心教導團員們「動腦動手做的樂趣」。輔導循環的第一步驟「親自示範」，每個小隊長都做到了；然而，生火跟搭帳篷需要時間，因此小隊長們很容易「親自示範」後「好人做到底」，這就不好了。

14－電磁爐的一種，採用電磁波誘導（Induction）加熱（Heating）。

祐樹知道自己做起來比較快，但他還是努力按捺，執行了步驟二「藉由提問幫助孩子，讓孩子實際體驗」。

「現在我們要煮飯，對吧？小Y去汲水了，那麼K君該做些什麼呢？」

「搭灶、生火？」

「沒錯，你們都記起來了耶。好，大家來做做看吧！」

祐樹不必下指示，隊員們就想起了該做的事情。提問策略成功！然而，隊員們實在快不起來。其他小隊迅速地一步步往下推進，只有祐樹這一隊慢吞吞。好不容易搭好爐灶堆了柴薪，這回卻生不了火。隊員們看過好幾次示範，也聽了說明，卻怎麼都做不好……。

此時，只要遵循步驟三「團體練習」，就能讓孩子們克服用火柴生火的障礙。負責記順序的孩子；勇於用火柴點火的孩子；用手或身體擋住風，避免熄火的孩子；一邊觀摩，一邊複習火柴使用法的孩子；對每個孩子而言，都是一種學習與成長。

當孩子學會不借助小隊長的幫助獨力完成，接下來就會躍躍欲試，想要「自己做做看」。接著，就是步驟四「單獨練習」。

不過，露營生活就是一連串的挑戰，孩子們又嚷嚷著：

「火好小喔。」

難得點了火柴燒起野草樹枝，卻無法燃起熊熊烈火。

試過之後發現行不通，表示步驟五「獨力複習」成功了。緊接著，就是步驟六「給予意見」該出場的時候囉！

祐樹：「如果要讓火持續燃燒，讓火勢變大，需要什麼呢？」

隊員：「呃，需要木柴跟燃料……還有空氣！」

其他隊員也發表了意見。

隊員：「可是，我們就是想輸送空氣，才會對著火堆吹氣，結果火就熄了。」

祐樹：「好，我問你們一個問題。樹枝燃燒起火時，樹枝跟火焰，哪個在上面？哪個在下面？」

隊員：「樹枝在下面，火焰會往上升！」

祐樹：「對。好，如果想讓樹枝燒得更旺，該怎麼輸送空氣呢？」
隊員：「把樹枝從地面往上架，讓它們接觸空氣！」
祐樹：「對。剛才你們是不是從上面吹氣，火才會熄滅？」

就這樣，祐樹成功地誘導隊員們得出解答。
經過一番波折，祐樹這一隊成了營地的最後一名，其他小隊早就煮好了。不過，吃飯時間還是很快樂，有個孩子甚至興致勃勃地說：「下次換我生火！」

歷經好幾次自炊經驗後，終於到了露營最後一天。
祐樹這一隊，竟然獲選為男童軍冠軍！誰能料到這個做什麼都慢吞吞的小隊，竟能獲此殊榮？究竟負責評選的男童軍團長，看到了哪些層面？
原來獲獎的原因，在於「他們是這四天來最快樂的隊伍」。
祐樹的小隊在外獲得了好評，但真正的評價，莫過於孩子們的心聲。「我下次還想去露營！」「在露營中思考對策，挑戰難關，真的好快樂！」

自己動腦動手做，遇到障礙就再思考、重新挑戰，總能突破難關。思考是很快樂的事情，而克服難關，更是無上的快樂。

小隊長祐樹想教導隊員們「動腦動手做的快樂」，而他也確實成功了。

不過，這是需要時間的。欲速則不達，若沒有耐心，就會想催促孩子「快一點」。

「可是，『快速』真的那麼好嗎？難道沒有更重要的事嗎？」

當年才國三的祐樹，在京都大學的教育研討會中發表了以上言論。

研討會的成員也有大人，包含我在內，在場的大人都深受震懾。祐樹學會了思考，也在人生中走向正途，現在他正挑戰新的關卡——教導他人思考。而我們這些大人，也從孩子身上學到不少道理。

總結

藉由學習工具培養競爭力

孩子不會什麼就教他什麼，雖然能馬上收到成效，但孩子並沒有真的學會，也無法習得什麼新知識。

此時，請善用提高達成力的「輔導循環」。**將七大步驟記在腦海，就能為孩子製造許多學習機會。**即使只是寫下來貼在房間牆上或冰箱，也有一定成效。

藉由反覆執行這些步驟，孩子自然能學會「學習的訣竅」，假以時日，甚至還能學會「教導他人的訣竅」。

無論世界如何變化，無論人工智慧與電腦進步到什麼程度，這都是孩子受用一生的技能。

好，讓我們來複習「輔導循環」的七大步驟吧！

(一) 親自示範

親自示範給孩子看，解釋每個順序。

- ☑ 親自示範的內容務必簡單扼要
- ☑ 一邊示範一邊講解重點
- ☑ 同時秀出正例與反例

(二) 藉由提問幫助孩子，讓孩子實際體驗

利用問題提示孩子，引導他突破瓶頸。

- ☑ 向孩子簡單提問，協助他回想順序
- ☑ 耐心等待一分鐘
- ☑ 不要告知答案，而是藉由追問給予提示

(三) 團體練習

讓孩子有機會發表自己的言論。此外，每個孩子的角度各不相同，協助他們統整交流，使觀點變得更加周全。

開始練習前，先制定團體練習的「規則」

☑（例一）接納組員的任何發言，耐心聽到最後

☑（例二）組員發言時，將內容完整抄到便利貼上

☑（例三）請按照順序演練

☑（例四）有問題請向老師求助

(四) 單獨練習

將「好像懂了」的事情，藉由練習來融會貫通。

☑ **單獨練習後，請孩子向其他人發表、說明**

(五) 獨力複習

讓孩子從行動中獲得啟發，再將啟發化為語言，思考改善方式，有助於孩子深層學習。

- ☑ 事先制定複習的「形式」
- ☑ （例）使用ＹＷＴＭ的四個問句：「你做了什麼？」「你懂了什麼？」「接下來要做什麼？」「做這件事的好處是什麼？」

(六) 給予意見

他人的評價，能幫助孩子發現盲點，擴展學習領域。

- ☑ 找出兩個優點，並具體描述
- ☑ 指出缺失時，請著重於最重要的部分。建議使用「如果……，就更完美了」的說法，會使意見聽起來柔和不少
- ☑ 再複述一次優點，做為總結

(七) 自我評量

藉此檢視孩子是否看出了重點，並為下一次的學習鋪路。

☑請孩子想一想，能否將學會的程序應用於日常生活的各種狀況

☑請孩子想一想，使用這項程序有什麼壞處？列舉幾個例子吧！然後再請孩子想想該如何事先預防，或是如何反過來應用

遵循步驟一步一步來，就能避免操之過急，導致失敗。孩子能在每一個步驟中深層學習、發現新觀點、累積成功經驗，進而愈來愈樂於思考。

每個人都希望自己變得更好、更成熟。下指示、下命令、幫孩子做事──這三種行為無法給予孩子任何幫助。運用輔導循環，就能直接幫助孩子成長。

COLUMN 6

還我異性緣，打網球也要美美的

這是某支高中女子網球隊的故事。

隊員們嘴上說想變強，卻無法專注地練習。一問之下，原來有以下原因。

① 拚命練習會長肌肉，穿衣服不好看，異性緣大減

② 如果想拚命練習，就會想挑沒人的地方對著牆壁練球，導致個性愈來愈孤僻，異性緣大減

基於以上理由，隊員們總是無法專注地練球。

我教導隊員整理了一下思緒，她們馬上判若兩人。

世界上的網球好手之中，也有像瑪麗亞．莎拉波娃（Maria Sharapova）一樣成為模特兒的人；她的肌肉比隊員們更發達，卻能將衣服穿得玲瓏有緻。問題在於肌肉發達的部位；只要徹底鍛鍊軀幹，讓下臂與小腿相對纖瘦，身材看起來就會變美。發現這一點後，隊員們開始勤於鍛鍊軀幹，球威跟擊球穩定度也提高不少。

此外，思考進攻策略時，隊員們也開始將對手納入考量。對方得分後，隊員會問自己：「剛剛發生什麼事？」「接下來想怎麼做？」「要採用什麼策略？」「策略會成功嗎？」「好，別想太多，試試看吧！」這個方法叫做「夏季豆腐」，由上述四句的日文羅馬拼音首字母組合而成。

舉例來說，剛剛的高壓扣殺（Smash）做得很好，接下來也想如法炮製，但對手剛剛吃了一記高壓扣殺，所以這次可能會把球打到線邊。因此，必須仔細觀察對手的姿勢，來判斷她究竟要用力擊球？還是打高球？然後臨機應變。這個策略必須「先觀察、後行動」，因此步法要更加到位，如此一來就能成功。這就是我教導隊員們的思考方式。

「夏季豆腐」提問法不僅能使隊員們在網球比賽無往不利，更是一種察言觀色的訓練。只要善於察言觀色，異性緣就會變好。

我不知道各位隊員們是否找到了真命天子，但網球隊在這一年打入縣大賽八強，將近三十年資歷的指導老師也說：「這是創隊以來的壯舉！」

CHAPTER 7

成長不間斷的訣竅

讓孩子更有毅力，聰明組合三大思考工具

如何辨別三大思考工具的使用時機？

從第2章到第5章，我向各位詳細介紹了三大思考工具。消除對立、激發創意的「疑雲圖」；讓前因後果的脈絡一目了然的「分支圖」；幫助孩子達成遠大目標的「遠大目標圖」；每項工具，都能有效地幫孩子解決問題。

然而，有些人開始使用這些工具後，常常問我：

「這種時候該用哪種工具？有沒有什麼訣竅，能幫我辨別三大工具的使用時機？」

有些案例一看就適合疑雲圖，有的則是一看就適合分支圖，但有時確實不大好分辨，令人不知該用哪個工具才好。

因此，我特地做了圖表40，讓大家一目了然地看出三大工具的差別。

圖表40　聰明運用三大思考工具

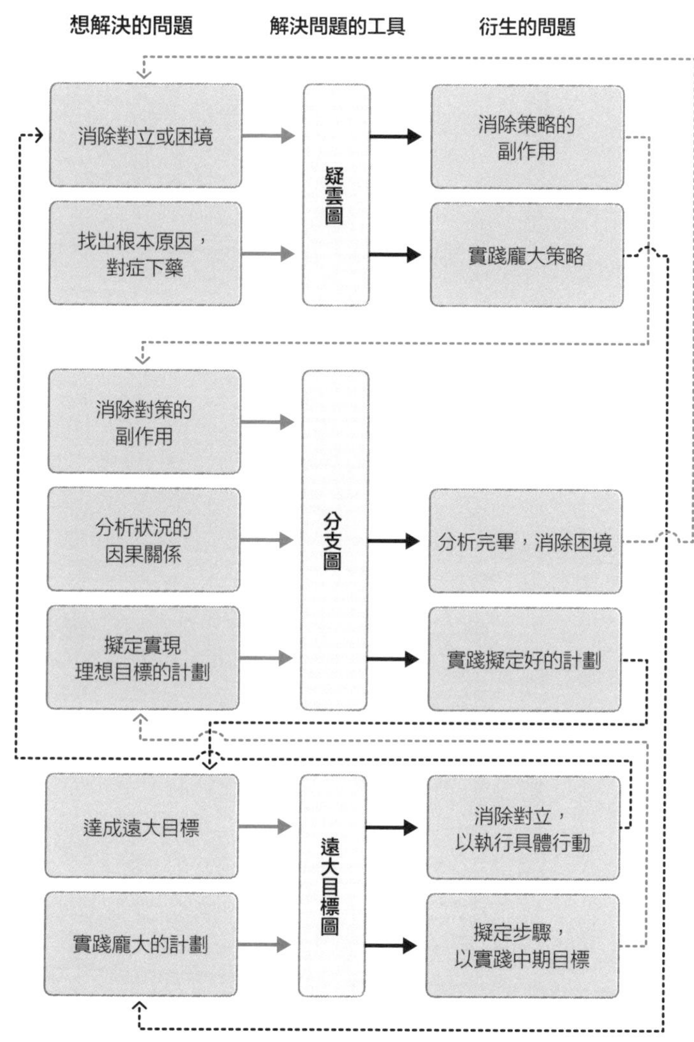

如果想解除對立或困境、找出根本原因並對症下藥，就該用疑雲圖；如果想消除對策的副作用、分析狀況的因果關係、擬定實現理想目標的計劃，就用分支圖；然後，如果想達成遠大目標或實踐龐大的計劃，遠大目標圖是你的好幫手。

然而，**有時一項工具是不夠的；這時，就用其他工具輔助吧。**

例如，運用疑雲圖想出消除對立的策略後，再併用分支圖消除「策略的副作用」。如果運用疑雲圖想出來的策略太龐大，就併用遠大目標圖來擬定「策略的實踐計劃」。

此外，運用分支圖分析狀況的因果關係後，也能併用疑雲圖來解除主要困境。運用分支圖擬定實現理想目標的計劃後，亦能併用遠大目標圖來親手實踐。

不僅如此，在利用遠大目標圖思考「障礙↓中期目標↓行動」的過程中，假如行動會產生對立，也能併用疑雲圖來消除對立。利用遠大目標圖來達成中期目標時，亦能使用分支圖來擬定步驟。

如此這般，三大思考工具除了能單獨運用，也能配合其他工具發揮更大的效果。

其實，與其煩惱該選哪項工具，我更關心**「該如何消除孩子的成長障礙」**。先了解孩子目前面臨那種障礙，再選擇最適合消除那項障礙的工具；工具不是最重要的，重要的是**你關心孩子的成長，所以想選出最適合他的工具。**

接下來，我會告訴大家「人在成長中會面臨哪些障礙，該使用哪種思考工具解決」。

培養跨越三大障礙的能力

我們認為，人在成長的過程中，必須跨越「三大心理障礙」。

第一個障礙，**就是「自我否定」，不敢迎向挑戰。**

如果人只會一成不變地待在自己的舒適圈，是無法拓展眼界的。迎向新的挑戰，才能使人成長。

然而，好不容易有了挑戰的機會，很多人卻自認「我辦不到」「別傻了」，導致猶豫不決，不敢挑戰。

如果不勇於挑戰，只會原地踏步。唯有跨越障礙、迎向挑戰，才能獲得成長。

第二個障礙，是**「害怕失敗」，所以不敢行動。**

光是想要挑戰，是無法成長的。勇於挑戰，然後踏出第一步，才能有成長的機會。

然而，很多人大聲宣告：「我要挑戰！」之後，卻遲遲沒有動靜。接下了校慶總召的任務，卻不知該從何做起；下定決心報考國中名校⑮，卻無法認真念書……

挑戰必定伴隨著「失敗的可能性」。事先想好該如何面對失敗，就能不再害怕失敗了，不是嗎？

跟前兩個障礙相比，第三個障礙恐怕會令人大吃一驚，但它卻是巨大而不容忽視的障礙。

勇於挑戰並實際行動後，結果只有兩個，一是「成功」，一是「失敗」。

如果挑戰成功，人會有什麼想法？

15 ｜ 有些日本國中需要通過入學考試才能就讀。

「看吧，我搞不好是天才喔」，或是「成功了。這都多虧了A的幫忙」。例如請父母幫忙寫一堆暑假作業，結果作品卻在科展中得獎了，當事者應該不會覺得這是自己的功勞吧？

或是某支棒球隊終於如願在甲子園中出賽，主將可能會在訪談中如此回答。「能來到這一步，全都多虧了我父母的鼓勵、教練的熱心指導，還有夥伴們一路以來的陪伴。我真的很幸運。」

真是一番美談。但是，其實裡頭暗藏了思考偏誤。

難道真的只是因為父母、教練跟夥伴幫忙，事情就能成功？在甲子園出賽，難道沒有其他因素？

如果用「多虧〇〇的幫忙」一句話帶過，就會失去仔細思考成功因素的機會，是莫大的損失。

換作是挑戰失敗的狀況，也是一樣的。

「一開始我就說不要啊，誰教他逼我挑戰什麼難關……」當事者可能會這麼想，或是把錯怪到別人頭上：「本來應該能成功的，都是因為B不幫我，我才會失敗。」

越是預期得到豐碩的果實，越容易認為：「若是沒有他礙事就好了……」這種思考偏誤，是將自己的失敗怪到別人頭上。如果認為是別人的錯，那就只能改變別人，導致自己停滯不前。

到頭來，不管挑戰成功或失敗，如果只會怪罪別人，自己就只能原地踏步。千錯萬錯都不是我的錯，一切都是其他人或「運氣」害的——如果只會這麼想，也難怪無法成長。

因此，成長的第三個障礙，就是**認為「成功是因為幸運（失敗是因為倒楣）」，不肯正視失敗的原因。**

接下來，我來為各位整理阻礙成長的三大障礙。

①「自我否定」，不敢迎向挑戰
②「害怕失敗」，所以不敢行動
③認為「成功是因為幸運（失敗是因為倒楣）」，不肯正視失敗的原因

跨越三大心理障礙的過程，就是人的成長引擎。我將之整理為圖表41。

父母應該做的，就是在孩子跨越障礙的過程中適當給予幫助。在適當的幫助下，孩子能感覺到自己的成長，也能了解日後的課題，進而產生挑戰更高難關的意願。

有了挑戰的意願，就會再度出現成長的寶貴機會。為什麼呢？因為尋求成長機會的人，總是時時伸長觸角。如此一來，孩子就能抓住機會，其他人也會給予孩子機會。

圖表41 跨越三大障礙的成長引擎

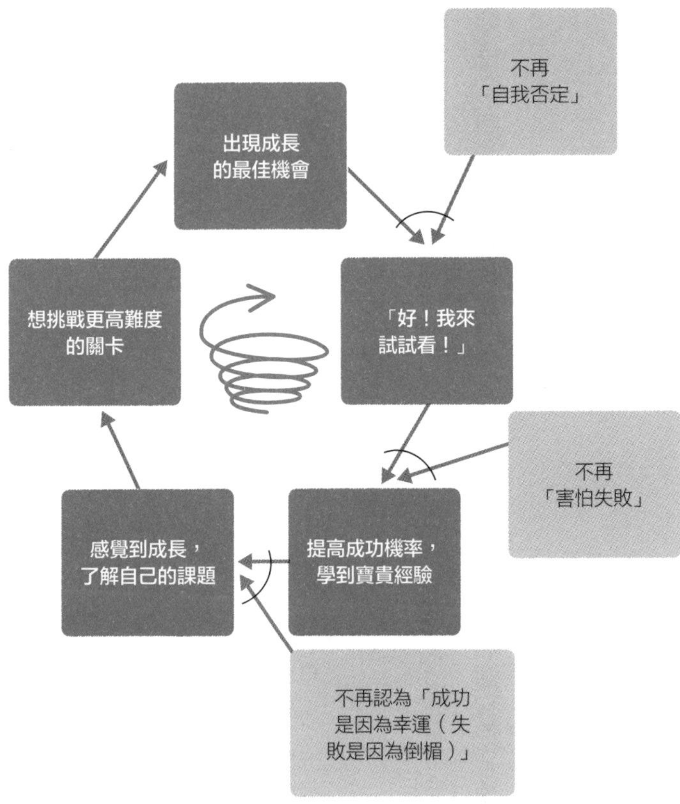

跨越「自我否定」的障礙

接下來，我將配合祐樹的例子，告訴大家該用哪種思考工具對付哪種障礙，以及該如何幫助孩子成長。

成長的機會到來時，為什麼會「自我否定」呢？多半是因為心裡一方面想挑戰，一方面又不想挑戰；在此，我們必須挖掘「不想挑戰的原因」。

各位已經知道此時該用什麼工具了吧？就是第2章所介紹的「疑雲圖」。

與孩子一同製作「想挑戰〇〇VS不想挑戰〇〇」的疑雲圖，找出滿足兩種需求的方法，增加「挑戰」的可行性。

首先，我將疑雲圖的一般型態整理成圖表42。

圖表42 疑雲圖的一般型態

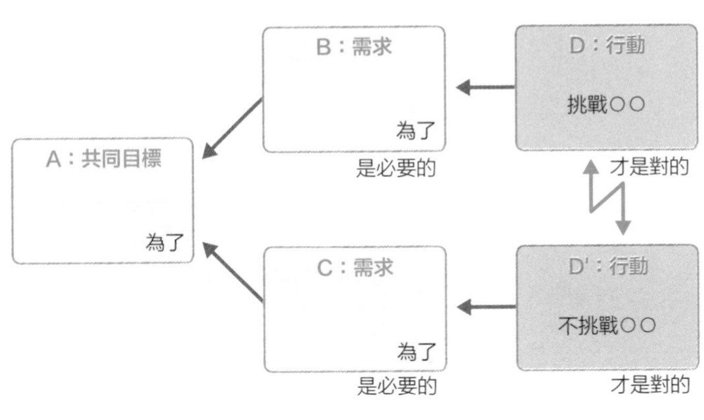

祐樹的國中成績位於一百二十人當中的第一百名，他已經擁有大幅提升成績的機會，然而，若是努力還是考不好，怎麼辦？祐樹不想面對自己辦不到的事實，換句話說，為了證明自己還有救，他認為不應該挑戰提高成績。

理由如下：

- ☑至今成績都很糟
- ☑我有亞斯伯格症候群
- ☑我不擅長背書
- ☑我就是笨

如果挑戰失敗，不就證明自己沒救了嗎？

圖表43　應該挑戰提高成績嗎？

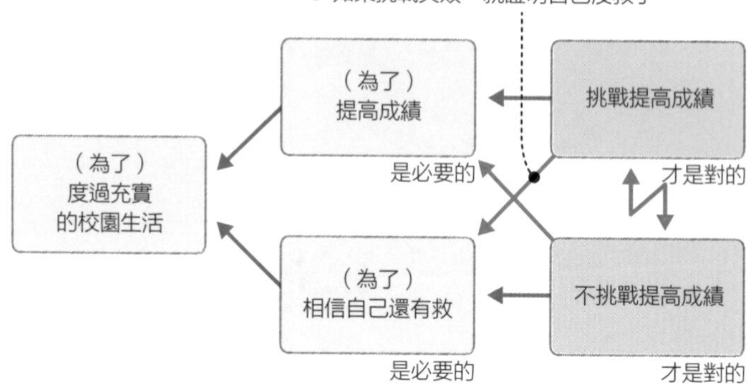

我將這張疑雲圖做成圖表43。與孩子一同思考「不挑戰的正當性」，就能避免孩子鑽牛角尖，給予極大的幫助。提問時的關鍵字為**「真的嗎？」**。

例如，我們可以這樣問孩子。

「至今成績都很糟，以後成績也好不起來，真的嗎？」

成績可能提高，也可能下降；換句話說，至今成績都很糟，不代表以後成績也好不起來。只要從現在起改變行動，以後的成績就很有可能好轉。

「患了亞斯伯格症候群，成績就不會變好，真的嗎？」

亞斯伯格症候群並不是「喪失學習力的疾病」。事實上，既然祐樹接受課輔後能在補考中拿到分數，就代表具有學習能力，他該做的就是考前充分溫習，如此而已。簡言之，問題在於學習方式，學習力是沒有問題的。

「不擅長背書，成績就不會變好，真的嗎？」

現在不擅長背書沒關係，背書技巧是能培養的。只要將資訊連結在一起、化為故事，無論多久都能牢記。大家還記得兒時讀過的童話，也是因為童話是一種故事。如果能記住童話，那麼，應該也能記住學校考試科目的重要資訊。

「反正就是笨，所以成績不會變好，真的嗎？」

因為笨所以不挑戰，其實是本末倒置。就是因為不挑戰，所以才會原地踏步；因為原地踏步，所以學得比其他人慢，導致考試成績變差，其他人也認為這孩子不會念書。只要肯挑戰，就能不再當笨蛋。

跨越「害怕失敗」的障礙

經過以上問題的開導、啟發之下，祐樹決定挑戰「不再當笨蛋」。不過，如果有了教練的幫助還無法提升成績，祐樹就會更加認為「我這個人果然沒救……」因此，我們必須去除他對失敗的恐懼。

當家長希望孩子能達成某個目標、累積成功經驗時，有兩個典型做法。**其一是「放任（放牛吃草）」，其二是「管教周到（管東管西）」。**

家長希望孩子變得更強、更有行動力，所以孩子必須學會獨立思考、自動自發，因此有一派家長認為應該放任孩子。可是，能否得到好結果，終究端看孩子的造化。

另一派家長則認為，為了使孩子更強、更有行動力，必須每一分的耕耘都得到收穫，因此應該管教周到。可是，這麼一來，孩子就很難學會獨立思考、自動自發了。

如前所述，放任不保證能得到好結果，管教周到又無法培養孩子獨立思考、自動自發（參閱圖表44的疑雲圖）。該如何解決這項兩難呢？

此時，就是第5章所介紹的遠大目標圖該出場的時候了。無需放任也無需管教周到，而是**當孩子決定抓住機會、挑戰難關時，幫助孩子列舉障礙、設定中期目標，並思考該採取何種行動，以達成目標。**

圖表44 該對孩子放任，還是管教周到？

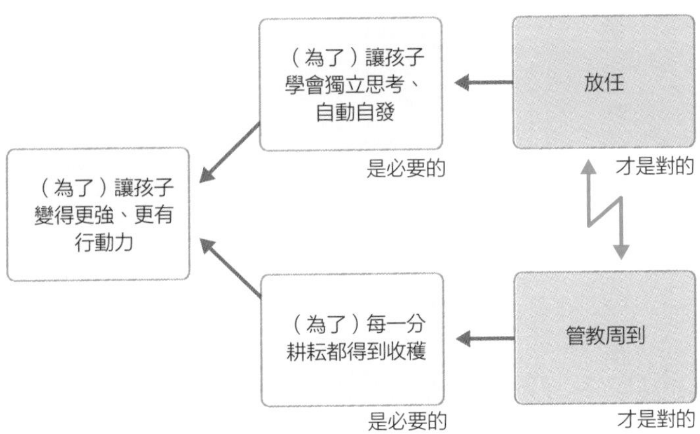

大人必須依循這套程序，藉由聊天誘導孩子思考，如此一來，孩子就能學會獨立思考。一旦孩子能動腦想出（該採取哪些）行動並說出口，就有能力實踐目標了。

此外，與孩子一同設定中期目標、排出實踐順序，就能使通往遠大目標的途徑變得明確，提高成功的可能性。

順序，是孩子快樂成長的關鍵。

想想角色扮演遊戲《勇者鬥惡龍》吧！打倒史萊姆、打倒逐漸變強的敵人、最後打倒惡龍；只要等級漸漸提高，就不大會遇到挫折，也能得到許多成功經驗，使玩家愈來愈樂在其中。如果劈頭就挑戰強敵，馬上就會被電得慘兮兮。

現實世界也一樣，挑戰的順序是很重要的。現實世界與虛構世界不同，第一個出現的不一定是最弱的敵人（最好處理的課題），因此必須自己擬定順序。活用遠大目標圖，就能解決圖表44的疑雲圖了。

我和祐樹所擬定的「不再當笨蛋」計劃成功了嗎？如同我在第5章所述，他為了充分利用念書時間，首先集中對付一個科目，而戰略也成功了。

深層思考「成功的因素」

如此這般，祐樹首先搞定了「社會科」，擺脫不及格，接著甚至在校內名列前茅。儘管如此，他還是無法甩開負面思考。

「這次考試只是剛好矇到而已啦。」

「社會科考得好又怎樣，我又不會背單字，英文死定了啦。」

「考試考得好，是因為老師教得好，跟我的能力無關。」

言下之意，簡直就是「考得好是運氣好」「成功都是教練的功勞」。

該怎麼做，才能使祐樹好好追溯成功的因素呢？

此時，就是第3章到第4章所介紹的分支圖該出場的時候了。我在圖表45分析了祐樹成功的因素。

圖表45 用分支圖分析成功因素

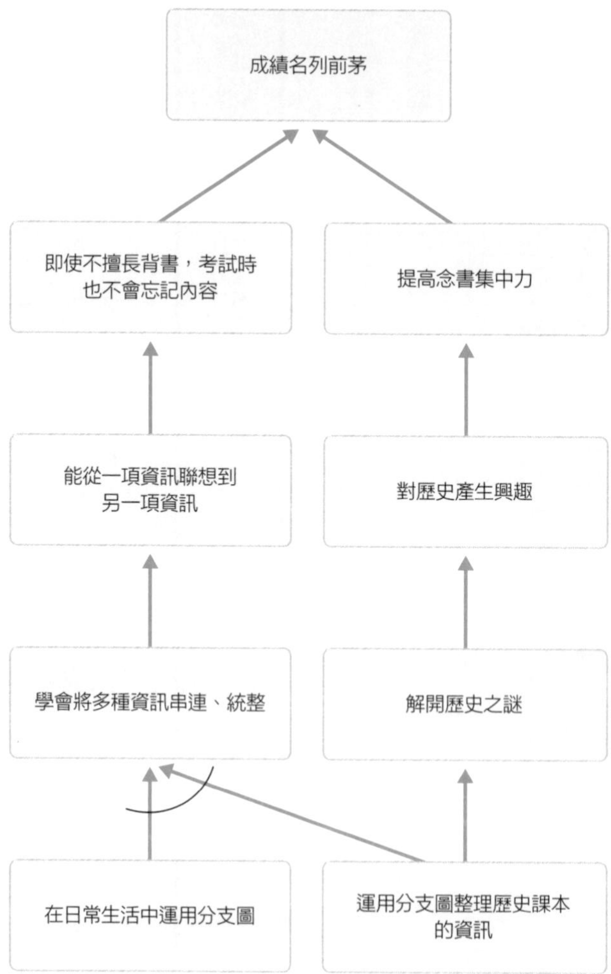

祐樹經常在日常生活中運用分支圖，所以這次他試著用分支圖整理歷史課本的某項資訊。他已習慣使用思考工具，因此統整、串連多項資訊，根本難不倒他。

祐樹能從一項資訊聯想到另一項資訊，原本不擅長背書的他，再也不會在考試中忘記重要資訊了。即使工作記憶的數值很低，還是能背書！這對他本人而言，應該是很重要的突破。

除此之外，還有其他功效。

在運用分支圖整理資訊的過程中，祐樹養成了調查、解決歷史謎題的習慣，因為這樣才能填滿分支圖的「理由方塊」。透過這項過程，他對歷史產生興趣，也更能集中精神念書了。

基於以上原因，祐樹的成績擠入前段班。

實際檢視分支圖，就能看出成績提高並非教練的功勞，也不是在考試中湊巧矇到。緊接著，孩子就會思考：說不定同樣的方法，也能應用在數學或英文喔。

像這樣「深層思考成功的因素」，就能體會到成長的真實感，也能了解今後的課題。

如果挑戰的成果不如預期，也能運用同樣的方法。做出分支圖，分析來龍去脈，就能看出錯在哪裡、盲點在哪裡，以及接下來該怎麼做。

總結
克服三大障礙的關鍵

為了使孩子的成長引擎順利運轉，家長必須給予協助，去除三大心理障礙。

(一) 自我否定

「鑽牛角尖」會妨礙孩子挑戰遠大目標，去除這點，孩子就能踏出第一步。運用「疑雲圖」吧！

㈡害怕失敗

跟孩子一同思考排除障礙的順序，創造一個孩子能安心實踐的環境，他們就能學會獨立思考、自動自發，提高成功的機率。運用「遠大目標圖」吧！

㈢認為成功是幸運（失敗是倒楣）

分析成功（失敗）的因素，仔細尋思，就能明白「成功是能複製、維持」的，進而體會到成功的真實感，提高挑戰新目標的動力。運用「分支圖」吧！

在監獄也能善用思考工具

對許多人而言，監獄是個陌生的地方；即使身在監獄，也能運用本書所介紹的思考工具。美國、新加坡、甚至日本的監獄，在這方面已有不少成果。

請各位想像一下。假設一個二十幾歲的人被判刑三十年，出獄時都五十幾歲了。這三十年來，天天都面對差不多的一群人、做著一成不變的工作、也沒機會思考什麼重大抉擇，度過極度缺乏外部刺激的每一天。

有一天，我得到千載難逢的機會，得以進入監獄參觀。我對長刑期受刑人的第一印象是「面無表情」；看看報上的職業棋士們，光是透過照片，我們就能感受到深思熟慮的氛圍，而長刑期受刑人所散發出來的，卻是截然不同的氣息。

直到受刑人五十幾歲，出獄的日子終於到來。與社會隔離將近三十年，還是得找工作、賺錢活下去。出獄後，與他人之間難免發生意見衝突，而且也可能遭遇文化衝擊⑯；「教育為本的ＴＯＣ」的三大思考工具，就此成為協助受刑人回歸社會的項目之一。

藉由疑雲圖、分支圖與遠大目標圖，人們能有效整理自己的思緒或想法，並將之具象化。我們的目標，就是讓受刑人能接納他人的意見，並著手規劃自己的未來。

專案指導者告訴我：

「個案原本面無表情、缺乏自主能力，經過數次指導後，已經能用表情表達豐富的情感，平常負責接洽出獄者的就業輔導員，也對個案的溝通能力嘖嘖稱奇。」（節錄自《刑政》二〇一四年七月號）

邏輯思考（Logical thinking）、批判性思考（Critical thinking）這類思考工具，比較適合給有學識的人使用；而本書所介紹的三大思考工具，即使是長久疏於學習的人（例如長刑期受刑人），也能應用自如、活出一片天。

16 – Culture shock，泛指一個人或一個組織因處於不同國家文化或不一樣的環境時，所產生的困惑與焦慮。

後記

本書所介紹的思考工具與程序，是以色列物理學家艾利．高德拉特博士所開創的，而總部位於美國的非營利組織「教育為本的ＴＯＣ」（英文名稱：TOC for Education, Inc.），則將這套工具發揚光大。

二〇一一年，日本引進了ＴＯＣ。我們請來了總部的負責人凱西．舒肯（Kathy Suerken），在日本努力推廣這套工具與程序、培養日本講師，持續發展至今。

這套工具與程序最大的好處，就在於每個人都能輕鬆使用。

事實上，許多人運用這套工具教育子女，並且在「教育為本的ＴＯＣ」主辦的研討會上與大家分享成功的喜悅、成長的過程，也上傳到了YouTube。詳情請參考「教育為本的ＴＯＣ」日本分部官網（http://tocforeducation.org/）。

不僅如此，除了育兒，這套工具也能運用在許多方面。

在學校，我們可以用來設定班會的目標、擬定社團活動練習計劃、在國文課訓練孩子自主學習、以及讓孩子在道德課程中自由討論。

此外，如同我在專欄中所述，這套工具也幫助孩子分析、提出解決班級失序的方法，或是教育即將出獄的受刑人，協助解決社會問題。

聽到「教育」兩字，大家所浮現的第一個印象可能是學校，但社會人士需要教育，職場也需要教育。教育為本的TOC，擁有許多職場或社群的應用案例。

為什麼我希望各位了解這類工具與程序呢？理由如下：

最近的報章雜誌愈來愈常報導「將來哪些職業將消失」，單純的肉體勞動將由機器人取代，單純的腦力勞動則由電腦取代；就連稍微複雜的工作，都將逐漸由機器人與電腦取代。

這樣的時代，到底該怎麼教育孩子？連我自己都覺得擔憂。每個家長，無不尋找著一套「能助孩子突破未來所有障礙」的方針，好為孩子未雨綢繆。

直覺告訴我，死背知識、死背答案的填鴨教育，無法將孩子培養成社會上有用的人。我左思右想，發覺「強化思考力」才是最佳解答。

此時，我遇到了ＴＯＣ，以及「教育為本的ＴＯＣ」思考工具（疑雲圖、分支圖、遠大目標圖）。

遇見ＴＯＣ之後，我的人生發生一連串驚天動地的大事。

舉個例子，在三十五歲那年，我為了在網球錦標賽中勝出，運用這套工具分析賽況，結果第一次在市民大賽中得獎。後來我擔任家庭教師，僅僅花了六週，就幫一名數學吊車尾、位於留級邊緣的高中生，晉升班上成績中段班。在同一時期，那名高中生也實現了當電影演員的夢想。緊接著，我遇見了擔任本書案例的祐樹，所有的戲劇性變化，都與書中所寫的一模一樣。

在體壇，我也指導過足球隊與網球隊，現在則擔任職業網球協會選手的教練，也擔任里約奧運的划船競賽選手教練。無論我做什麼事，都得到莫大的回饋。

我在電影跟划船界都是門外漢，但我還是能指導他們，因為這套程序實在太強大，學習者能藉此獨立思考、尋找答案、採取行動，並且不斷學習。我愈來愈覺得：「這套方法適用於千萬人！」

世界上有許多人能「帶給他人夢想與希望」，比如職業棒球選手，或是太空人。

其實，我從高中就很嚮往當個太空人，甚至還報名了JAXA（宇宙航空研究開發機構）的太空人甄試，卻沒能當上太空人。之後，我才遇見「教育為本的TOC」。

那時，我察覺了一件事。從他人身上得到夢想與勇氣，並不代表自己能實現夢想。如果沒有具體方法能解決眼前的各種障礙或難關，幾乎不可能成就什麼大事。如果踢到鐵板，甚至還可能灰心地想著：「人家辦得到是因為有本事，我還是別做夢了……」然後放棄夢想。

本書所介紹的知識，不僅能帶給讀者夢想與幹勁，也能幫助各位跨越具體障礙、解決問題、擬定計劃，甚至在人生中得到成長。

現在，我相信將這些知識宣傳到全世界，有助於培育社會上的有用人才。在此衷心希望，本書能稍微有點貢獻，協助解決「人類教育」這個龐大的社會問題。

最後，關於本書，我要感謝傳授思考工具與程序知識的凱西・舒肯；讓我有機會創作本書，經常與我熱烈探討的岸良裕司；對本書給予意見、點子的各位；以及支持、鼓勵我的諸位夥伴。

尤其感謝以下各位的鼎力協助（省略敬稱）。若林靖永、吉田由美子、松山龍藏、安田悅子、濱野繭子、藤田國和、若松怜英、若松美洋。

在此，我要向各位獻上最深的謝意。

二〇一七年六月

飛田基

思考力培養法

全球 800 萬人實踐的思考程序，引導孩子獨立思考，增強學習力！

（世界で 800 万人が実践！考える力の育て方）

作者　飛田基
總編輯　汪若蘭
執行編輯　顏妤安
行銷企劃　許凱鈞
封面設計　李東記
版面構成　賴姵伶
發行人　王榮文
出版發行　遠流出版事業股份有限公司
地址　臺北市南昌路 2 段 81 號 6 樓
客服電話　02-2392-6899
傳真　02-2392-6658
郵撥　0189456-1
著作權顧問　蕭雄淋律師
2019 年 3 月 25 日　初版一刷
定價新台幣 320 元

ISBN　978-957-32-8485-7
遠流博識網　http://www.ylib.com　**E-mail:** ylib@ylib.com
（如有缺頁或破損，請寄回更換）

SEKAI DE 800 MANNIN GA JISSEN! KANGAERU CHIKARA NO SODATEKATA
by MOTOI TOBITA

Original Japanese language edition published by Diamond, Inc.
Chinese (in complex character only) translation rights arranged with Diamond, Inc.
through BARDON-CHINESE MEDIA AGENCY.

國家圖書館出版品預行編目 (CIP) 資料

思考力培養法：全球 800 萬人實踐的思考程序，引導孩子獨立思考，增強學習力！/ 飛田基著 . -- 初版 . -- 臺北市：遠流，2019.03
面；　公分
譯自：世界で 800 万人が実践！考える力の育て方
ISBN 978-957-32-8485-7(平裝)
1. 家庭教育 2. 思考
528.2　　108003042